Selbstliebe Praxisbuch

Cosima Sieger

SELBSTLIEBE PRAXISBUCH:

Wie Du wieder zu Dir selbst zurück findest
und zu leuchten beginnst!

Eine liebevolle Anleitung zur Selbstliebe:

INKL. RITUALE
FÜR DEIN INNERES LEUCHTEN!

Cosima Sieger

Inhalt

Finde Dein Leuchten wieder

Unter 8 Milliarden Sternen bist Du der einzige,

der das Universum auf die ganz besondere,

wundervolle Weise erleuchten kann,

wie Du es tust!

Ich möchte Dich in diesem Buch mit auf eine Reise nehmen. Eine Reise zurück zu Dir selbst.

Ich möchte Dir zeigen, wie Du mit Dir selbst so liebevoll umgehen kannst, wie Du es schon Dein ganzes Leben lang verdienst. Wie Du Dein Leben und Deinen Alltag so einrichtest, dass es Dir endlich wirklich gut geht, und wie Du innere Ruhe findest und ganz in Dir selbst ankommst.

Und ich möchte Dir zeigen, wie Du den inneren Raum, den Du in Dir entdecken wirst von innen her wie ein wunderschönes Gefäß mit Freude, mit Liebe und mit tiefer Erfüllung anfüllst, sodass Du Dich bei Dir und in Dir selbst so wohl fühlen wirst, dass Du Dich selbst nie mehr verlassen wirst – egal was auch passiert.

Du wirst auf dieser Reise Dein inneres Kind treffen und erfahren, warum es vielleicht immer noch traurig ist. Du wirst es in den Arm nehmen und endlich klar sehen und verstehen, wie Du ihm geben kannst, was es braucht, um ganz zu heilen und wieder glücklich zu sein. Du wirst auf dieser Reise auch zu Deinem Urvertrauen zurück finden.

Und Du wirst ganz in Deine Kraft kommen und inneren Frieden finden.

Du wirst außerdem lernen, Dich selbst mit zwei wundervollen und erstaunlich wirksamen Strategien so sehr mit Liebe und Freude aufzufüllen und Fülle in Dir zu erschaffen, dass Du endlich wieder leuchtest!

In diesem Buch erhältst Du eine liebevolle Anleitung, wie Du all das in ganz konkreten, praktischen Schritten erreichen kannst und wie Du ab heute ein Leben voller Selbstliebe – tief verbunden mit Dir selbst – führst.

Lasse Dich ein auf diese Reise mit mir, und bringe Dein eigenes Licht wieder zum Leuchten, um unsere Welt auf die ganz besondere, einzigartige, wundervolle Weise zu erleuchten, in der nur Du leuchten kannst...

Ja! Du darfst Dich ab jetzt mit ganzer Liebe Dir selbst zuwenden. Du darfst DICH wichtig nehmen!

Denn Menschen sind wie Sterne, und Dein Leuchten erhellt ganz von selbst auch Deine Umgebung mit. Deshalb mach Dir keine Sorgen, dass das egoistisch sein könnte: Das größte Geschenk, das Du den Menschen um Dich herum machen kannst ist es, Dich selbst so sehr zu lieben, dass Du wieder zu leuchten beginnst...

Und Du darfst und solltest dieses Geschenk auch Dir selbst machen!

Denn Du bist wichtig! Und Du verdienst alle Liebe des Universums.

Ja, die große Liebe Deines Lebens bist Du!

Lasse Deine ganz eigene Liebesgeschichte heute beginnen...

Ich wünsche Dir viel Freude beim Lesen und natürlich viel Erfolg beim Umsetzen meiner Übungen und Anleitungen.

Sie werden Dich und Dein Leben verändern, das verspreche ich Dir!

Und am allermeisten wünsche ich Dir Liebe...

Deine Cosima Sieger

Sei gut zu Dir

Zu Beginn dieses Buches möchte ich Dir einen Weg vorstellen, wie Du auch im hektischen Alltag von Herzen gut zu Dir sein und Dein Leben so einrichten kannst, dass es Dir auch in stressigen oder schweren Zeiten gut geht.

Das ist ungeheuer wichtig. Denn die beste Anleitung zur Selbstliebe kann Dir nicht helfen, wenn Stress, Hektik, Druck und innere und äußere Erwartungen Dich antreiben, Dich von Dir selbst und Deinen Bedürfnissen wegtreiben und Dein Leben bestimmen. Und genau deshalb schaffen es so viele Menschen nicht, sich selbst zu lieben, obwohl sie doch so viele Bücher darüber lesen:

Sie überspringen den ersten Schritt zur Selbstliebe!

Sie wissen nicht um die Kunst, sich selbst liebevoll durch das Leben zu führen. Und genau in diese Kunst möchte ich Dich in diesem ersten Kapitel meines Buches einweihen.

Die großartige Nachricht ist nämlich, dass es gar nicht so sehr darauf ankommt, wie herausfordernd (oder schwierig) Dein Leben gerade wirklich für Dich ist – sondern vielmehr darum, wie Du damit umgehst! Wie Du Dich selbst durch Dein Leben führst. Und das liegt einzig und allein in Deiner Hand.

Du kannst lernen, Dich selbst liebevoll, geduldig und nachsichtig durch Dein Leben zu führen, auch wenn Du einen stressigen Alltag, einen schwierigen Job oder viel Verantwortung hast. Und Du kannst lernen, bei Dir selbst und Deinen Bedürfnissen zu bleiben, auch wenn Du viel zu tun hast oder viel erreichen möchtest. Alles was Du dafür brauchst, kannst Du in Deinem Inneren finden, verändern, oder aufbauen.

Lass uns also beginnen und in die Kunst eintauchen, uns selbst so durch das Leben zu führen, dass wir endlich wirklich GUT zu uns sind! Egal wie erfolgreich wir sind, wie viele Probleme oder wie große Ziele wir haben, und wieviel Verantwortung wir tragen…

Du musst nicht perfekt sein

Nicht nur von außen (durch unseren mit Terminen oft prall gefüllten Alltag), sondern auch aus unserem Inneren, insbesondere aus unseren eigenen Gedanken und Erwartungen, wirkt permanenter Stress auf uns ein, der uns schadet, uns von uns selbst, unseren Bedürfnissen und unserem inneren Gleichgewicht weg führt und uns auf Dauer krank macht.

Doch woher kommt eigentlich dieser Stress von innen? Das müssen wir verstehen, um ihn auflösen zu können.

Wir geraten immer dann von innen heraus in Stress, wenn wir in der Zukunft etwas Beunruhigendes kommen sehen oder erwarten (wenn wir also eine Gefahr für uns oder Andere wittern). Solche Erwartungen können auch unbewusst sein und sie führen dazu, dass wir uns innerlich dazu unter Druck setzen, uns abzusichern oder etwas Bestimmtes tun zu müssen, oder auch dass wir das, was wir tun, noch besser, schneller oder zielführender machen müssen.

Selbst erzeugter Stress entsteht also in erster Linie durch negative Erwartungen, die in Dir über bestimmte Situationen oder über die Zukunft im Allgemeinen bestehen und derer Du Dir vielleicht gar nicht bewusst bist, weil sie Dich schon seit Jahren begleiten und für Dich normal geworden sind.

Diese Erwartungen können die verschiedensten Formen annehmen und sich unter anderem in Form von Ängsten äußern (denn Ängste sind nichts anderes als negative Erwartungen in Bezug auf die Zukunft). Wenn Du genauer darüber nachdenkst, wirst Du jedoch feststellen, dass sie über allgemeine Ängste und ganz konkrete Ängste wie die Sorge um unsere kranke Mutter, die Angst vor dem Scheitern der morgigen Verhandlungen mit dem Großkunden oder der Blamage bei der Präsentation nächste Woche hinaus gehen können und das häufig auch tun.

Eine sehr weit verbreitete Form des inneren Stresses ist die Vorstellung, dass wir etwas besonders gut tun müssen, dass wir mehr oder gar alles wissen müssen, dass wir keine Fehler machen dürfen oder dass wir besser als andere sein, das schönere Haus oder die bessere Figur haben müssen. Wir setzen uns durch diesen Anspruch unter Druck und geraten in Stress.

Aber warum tun wir das?

Wir tun es, weil wir davon ausgehen, also erwarten, dass wir einen (möglicherweise gravierenden) Nachteil haben könnten oder etwas Schlimmes passieren kann, wenn wir nicht das Perfekte abgeben – oder eben darstellen. Perfektion entsteht aus einer Angst, also einer negativen Erwartung, heraus, die uns häufig nicht bewusst ist. Wir merken dann nur, dass wir einfach nicht anders können, dass wir es nicht aushalten, eine unfertige, weil noch nicht ganz fehlerfreie und perfekte Arbeit abzuliefern, oder den kleinen Bauchansatz an unserem Körper unbekümmert bestehen zu lassen und so weiter. Und wir setzen uns durch den Zwang, unseren eigenen Anspruch zu erfüllen, unter teilweise massiven Druck.

Betrifft Dich das Thema Perfektionsanspruch ebenfalls? Auch Menschen, die in bestimmten Lebensbereichen sehr entspannt sind, können in anderen Lebensbereichen perfektionistische Tendenzen haben- einfach deshalb, weil sie im ersten Lebensbereich aufgrund positiver Erfahrungen oder positiver Prägung eine positive Erwartung an die Zukunft haben und im zweiten Bereich eben nicht (weil sie dort entweder selbst schlechte Erfahrungen gemacht oder von ihren Eltern oder anderen Personen deren Ängste aus deren schlechten Erfahrungen übernommen haben. Ängste sind leider ansteckend).

Wenn Du es schaffst, Deinen Perfektionismus los zu lassen, wirst du sofort eine große Erleichterung und Entspannung spüren. Falls tiefere oder auch unbewusste Ängste hinter Deinem Perfektionsanspruch stehen sollten, kann es erforderlich sein, dass du Dir diese mit der Hilfe eines Therapeuten bewusst machst und lernst, dass sie heute nicht (mehr) nötig sind.

Doch Du kannst hier auch selbst sehr viel tun und große Erfolge erzielen.

Schaue Dir dafür einmal an, welche Erwartung eigentlich hinter Deinem hohen Anspruch steckt:

Was befürchtest Du – ganz ehrlich - wenn Du einfach nur Mittelmaß wärst? Würdest Du dann vielleicht nicht mehr bewundert oder nicht mehr beachtet werden? Nicht mehr dazu gehören, keinen Partner finden oder behalten, ausgeschlossen oder gar vielleicht gemobbt werden? Was sind Deine wahren Gründe? Warum musst du perfekt sein?

Frage Dich dann, warum Dein Umfeld so negativ auf Deine Nicht-Perfektion reagieren würde? Sei ehrlich: kann es sein, dass du denkst, sie hätten eigentlich recht? Häufig steckt hinter einer solchen Erwartung über die Reaktionen Deines Umfelds eine tief verborgene Haltung in Dir selbst, dass die Reaktionen Deines Umfelds in irgendeiner Form angemessen oder berechtigt wären.

Wärst Du selbst felsenfest davon überzeugt, dass Du toll bist mit all den Dingen die Du nicht kannst, hast, weißt und bist - und dass Du das allerbeste verdienst, obwohl Du nur Mittelmaß bist - dann wärst Du , falls Du doch einmal eine schlechte Erfahrung mit der Reaktion von anderen Menschen machen müsstest, empört über ihre Reaktionen, Du fändest sie unberechtigt, würdest Dich verteidigen und für Dich einstehen, anstatt Dich dem zu beugen.

Wenn wir aber tief in uns drin der Meinung sind, dass wir im Vergleich zu Anderen eigentlich minderwertig sind, dass wir weniger zu bieten haben, ein langweiliger Mensch sind, weil wir vielleicht nicht studiert, nicht jahrelang im Ausland gelebt und andere Kulturen erforscht haben und keine ungewöhnlichen Hobbies haben, ja, DASS WIR EINFACH

NICHT GENUG SIND, SO WIE WIR SIND, dann glauben wir, dass die Anderen mit ihrer Reaktion recht haben und es an uns liegt. Dass wir so, wie wir sind, nicht ausreichen.

Natürlich sind uns diese inneren Glaubenssätze über uns selbst oft auch tatsächlich über Jahre von unserem Umfeld suggeriert worden, wenn wir das Pech hatten, in einem solchen Umfeld aufzuwachsen oder lange leben zu müssen. Heute aber haben wir es in der Hand.

Und wir sollten zwei Dinge tun, um uns von unserem Perfektionsstreben zu befreien:

Wir sollten uns entschieden von Menschen distanzieren, die tatsächlich die von uns erwartete negative Reaktion auf unsere Durchschnittlichkeit zeigen würden. Ihre Sicht der Dinge ist nämlich ebenso in Richtung übertriebenem Anspruch verzerrt. Sie spiegelt nur ihre subjektive Sicht wider und die ist deren, und nicht unsere Angelegenheit... Sie hat mit uns noch nicht einmal etwas zu tun.

Wir sind genug und wir sind toll – so wie wir sind! Und wir sollten uns aktiv solchen Menschen zuwenden, die uns und das, was wir sind und tun, gut und richtig finden. Gerade in einer Phase, in der wir unsere Selbstliebe aufbauen wollen, müssen wir uns selbst und unser Selbstwertgefühl wie eine zarte Pflanze hüten und vor schädlichen Einflüssen schützen.

Distanzieren wir uns nicht von Menschen, die uns negativ sehen, werden sie unweigerlich auch einen negativen Einfluss auf unsere innere Haltung und Einstellung zu uns selbst ausüben. Wir werden nach kurzer Zeit zu denken beginnen, dass sie ja eigentlich Recht haben und wir daher lieber ihren Anspruch erfüllen sollten. Und wir werden uns nie aus der Negativspirale von erlebten negativen Reaktionen auf uns (z.B. in Form von Kritik, Abwertung, Ignoriertwerden) –> Angst vor weiteren oder neuen negativen Reaktionen – > Perfektionsstreben befreien können.

Und als zweites müssen wir unsere eigene innere Haltung zu uns selbst positiv verändern und stärken. Wir müssen uns selbst so sehen, wie wir ohne jede Perfektion sind und uns dafür in den Arm nehmen und lieb haben. Wie würdest Du ein Kind behandeln das sich schämt, weil es glaubt, etwas falsch gemacht zu haben? Würdest Du es trösten und ihm sagen, dass es genug ist? Behandle Dich selbst genauso!

Vielleicht sind wir langsamer als andere Menschen, vielleicht verstehen wir manche Dinge nicht, vielleicht entsprechen unsere Körper nicht dem Modediktat und vielleicht ist unser Leben in der Vergangenheit nicht sehr abwechslungsreich gewesen, vielleicht haben wir nie beruflichen Erfolg gehabt.

Wir müssen uns ERLAUBEN, genauso zu bleiben und es trotzdem wert zu sein, das Allerbeste im Leben zu bekommen. LIEBE zu bekommen!

Wir sind mehr als ausreichend! Niemand glänzt in allen Bereichen des Lebens. Zermartern wir uns also nicht wegen der Bereiche, in denen wir von Natur aus weniger glänzen als andere (was natürlich ohnehin eine sehr subjektive Sache ist) und hören wir auf, sie durch besondere Anstrengungen zu kompensieren.

Lassen wir uns endlich so sein wie wir sind! Und konzentrieren wir uns dafür auf die Bereiche, in denen wir glänzen – oder glänzen könnten!! Jeder Mensch hat sie!

Mache Dich frei vom Diktat des Zeitgeistes, der vorgibt, in welchen Bereichen wir zu glänzen haben!

Vergiss die Vorgaben, dass wir erfolgreich, hoch intelligent und in allen Bereichen kompetent, durchtrainiert, fit und sexy sein müssen, dass wir gut aussehen, extrovertiert, offen und immer gut drauf sein müssen.

Tue stattdessen etwas beinahe revolutionäres (ich verspreche Dir, es fühlt sich SO gut an!):

Setze einfach Deine eigenen Standards! Und lebe nach ihnen.

DAS ist wahre Selbstbestimmung!

Es gibt übrigens eine unglaublich große Zahl an menschlichen Eigenschaften und Fähigkeiten, die zwar nicht in Mode sind, aber dennoch bei fast allen Menschen hoch geschätzt sind, wie Zuverlässigkeit, ein warmer Charakter, ein höflicher Umgang, Einfühlsamkeit, Mitgefühl und Zärtlichkeit, ein Sinn für Schönes, Kreativität und Ideenreichtum, Interesse an anderen, ein geduldiges Gemüt oder der Mut, eigensinnig eigenen Ideen zu folgen und sich vom „Mainstream“ abzusetzen.

Womit glänzt Du?

Höre auf der Mode zu entsprechen, oder es zu versuchen (das hast du in Deiner Jugend wahrscheinlich bereits lange genug getan) und erlaube Dir stattdessen, Dir einfach trotz Deiner Schwächen gut zu zureden, Dich selbst zu bestärken und Dich selbst toll zu finden. Hänge Dir für die erste Zeit einen Zettel in Sichtweite in Deine Wohnung (z.B. an den Spiegel im Bad), auf dem Du Dir Deine Schwäche ausdrücklich erlaubst!

Schreibe darauf „Ich darf langsamer sein als andere" oder „Ich muss nicht Karriere machen".

Tue das beinahe Unvorstellbare und belohne Dich für Deine Schwäche. Sei liebevoll zu Dir selbst, obwohl und sogar weil Du diese Schwäche hast. Schone Dich in diesem Bereich anstatt Dich selbst zu fordern und zu überfordern. Kümmere Dich gut um Dich – gerade in diesem Bereich, damit du NICHT überfordert wirst, und lasse nicht mehr zu, dass Andere es tun.

Du musst nicht alle Anforderungen Anderer erfüllen und selbst wenn du Dir einmal eingestehen musst, dass Du einen bestimmten Job nicht leisten kannst, weil zu Dir etwas anderes passt, dann ist das überhaupt nicht schlimm!

Im Gegenteil! Es ist der erste Schritt hin zu etwas, das Deiner Person mehr entspricht. Kompensiere Deine Schwächen nicht. Sie sind ohnehin keine definitiven Schwächen (was eine Schwäche oder eine Stärke ist, definiert ja nur der Zeitgeist) sondern vielmehr eine Eigenart.

Alles was Dich auszeichnet ist Teil deiner Individualität und deshalb so wie es ist in Ordnung und zutiefst liebenswert. Beginne Dich darüber zu amüsieren, wenn Menschen Dich entsetzt anstarren, dass du dies oder jedes nicht kannst oder weißt und es unglaublicherweise – anstatt Dich dafür angemessen zu schämen - VOLLKOMEN OKAY FINDEST und Dein Unwissen nicht einmal versteckst! Denn wenn Menschen so reagieren kannst Du Dir sicher sein, dass sie sich selbst ihre Schwächen nicht erlauben und sich ebenfalls deswegen verrückt machen – auch wenn sie es nie zeigen würden, da das ja gleich eine weitere Schwäche wäre. Lasse sie einfach zurück, genauso wie auch Deinen eigenen Anspruch auf Perfektion.

Folge ab heute stets DEINEN EIGENEN Standards, betrachte Dich liebevoll und mitfühlend für Deine Schwächen, sei stolz auf deine Stärken und erlaube es Dir, mit ihnen zu glänzen. Mit der Zeit werden sich dann Menschen um Dich scharen, die Dich ebenfalls so sehen. Und Dein Leben und auch Dein inneres Gefühl zu Dir selbst werden einen Zuwachs an Qualität erhalten, den die allermeisten Menschen nicht einmal erahnen können. Du wirst Dich SO gut fühlen, dass Du Deinen alten Umgang mit Dir selbst niemals mehr zurück haben möchtest...

Gib Verantwortung ab und erwarte Unterstützung

Ein weiterer innerer Stressfaktor neben dem Perfektionismus, der Dich von Dir selbst und Deinen Bedürfnissen wegbringt und Dich davon abhält, GUT mit Dir selbst umzugehen und das auch vom Leben einzufordern, ist die bei vielen von uns fest verankerte Ansicht, wir müssten die meisten Dinge alleine bewältigen.

Wir tun zu viel selbst und holen uns zu wenig Unterstützung und wir belasten uns damit. Wir bitten nicht oder kaum um Hilfe, entweder weil wir uns schämen oder niemanden haben, den wir bitten können, oder weil wir der Ansicht sind, wir könnten die Dinge ohnehin besser als andere und erledigen sie daher am besten gleich selbst.

Das ist jedoch ein Trugschluss. Es ist unwahrscheinlich, dass wir alles besser können als die anderen, aber selbst wenn das so sein sollte, zum Beispiel wenn es darum geht, unsere Kinder im Haushalt helfen zu lassen, sollten wir andere auch etwas tun lassen – und zwar auf ihre eigene Art – und uns selbst davon entlasten, auch wenn das Ergebnis ein anderes ist, als es gewesen wäre, wenn wir es selbst getan hätten.

Wir dürfen uns hier etwas entspannen. Es wird im Ergebnis nicht alles so aussehen, wie wir es uns idealerweise vorgestellt hatten, aber wir müssen auch nur noch deutlich weniger tun und das ist die Sache bereits wert. Falls Dir das sehr schwer fällt, dann beginne damit in Bereichen, in denen das Ergebnis nicht ganz so wichtig ist und taste Dich dann langsam in die Dir wichtigeren Bereiche vor.

Falls Du Dich nicht traust, Andere um Unterstützung zu bitten, dann übe Dich darin ein wenig:

Überwinde Dich zunächst bei Menschen die Dir sehr nahe stehen, ihnen freundlich mit zu teilen, dass Du gerade dies oder jenes tust (oder bald tun willst) und Dich über ihre Unterstützung freuen würdest, falls sie es einrichten können. Oder frage direkt, ob sie Dir helfen würden und formuliere es so, dass sie entscheiden können, ob sie das möchten oder nicht. Signalisiere ihnen, dass Du nicht böse bist, falls sie nein sagen.

Falls sie jedoch ja sagen, frage sie wann sie Zeit haben und wie sie dabei gerne vorgehen möchten. Dies solltest du ihnen nach Möglichkeit nicht vorgeben sondern sie selbst entscheiden lassen. Du wirst vielleicht die Erfahrung machen, dass einige Leute Dich enttäuschen und sich mit Entschuldigungen um die Hilfe herum drücken, aber andere werden Dir gerne helfen und Du wirst Dich dabei nicht einmal schlecht fühlen müssen weil es ihre eigene Entscheidung war und Du spüren wirst, dass sie es gern tun.

Bei Angelegenheiten, die mehrere Menschen betreffen, kannst du natürlich direkt um Hilfe bitten und diese auch einfordern von den Menschen, die von der Sache ebenfalls betroffen sind (zum Beispiel bei einem Umzug mit der ganzen Familie oder der Planung eines Urlaubs mit mehreren Freunden). Es gibt keinen Grund, dass Du Dinge für eine Gruppe von Menschen alleine regeln und organisieren müsstest, es sei denn, Du möchtest das oder andere haben Dich darum gebeten und Du hast Dich aus freien Stücken dafür entschieden. Die Verantwortung sollte bei solchen Gemeinschaftsevents jedoch trotzdem bei allen Beteiligten bleiben und nicht auf denjenigen übergehen, der das meiste tut.

Du bist das Wichtigste das Du hast

Letztendlich ist neben den beiden Punkten „Perfektionismus überwinden“ und „Hilfe annehmen“ Deine Einstellung zu Dir selbst und das Wissen, dass Du FÜR DICH das Wichtigste bist, das Du hast (und auf das Du ein Leben lang gut aufpassen musst), ein noch wichtigerer, ja der wichtigste Faktor, wenn es darum geht, Dich in einer Weise durch Dein Leben zu führen, die Dir gut tut.

Wenn wir uns selbst und unser Wohlergehen als das Wichtigste betrachten würden, das wir haben, wenn wir es wichtiger nehmen würden als alles andere, dann würden wir uns ganz selbstverständlich keinem Stress (und überzogenen Erwartungen) im ungesunden Maße mehr aussetzen, sondern würden unsere Grenzen spüren und respektieren.

Aber das tun wir leider selten.

Wir haben gelernt, es sei egoistisch, uns als wichtiger anzusehen als andere. Was wäre das für eine Welt, in der jeder nur auf sich achtet, fragen wir uns? Eine Welt ohne Rücksichtnahme und gegenseitige Unterstützung, eine Welt voller Egoisten? Und eine schöne Partnerschaft hätte in einer solchen Welt ebenfalls niemand mehr, denn Liebe und Egoismus schließen sich natürlich aus, denken wir.

Aber stimmt das so überhaupt?

Ist es nicht vielmehr so, dass jeder Mensch – und daher eben auch wir selbst – so leben sollte, dass es ihm gut geht, dass er Leistung bringen sollte, aber nur in einem Maß, das für ihn gesund ist? Dass er auf sich achten und sich gut um sich kümmern sollte und daran nichts verwerflich ist?

Jedem anderen Menschen gestehen wir dieses Recht zu – warum also nehmen wir uns selbst dort aus? Natürlich sind wir nicht allgemein wichtiger als andere Menschen, aber FÜR UNS SELBST sind wir der wichtigste Mensch auf der Welt und das dürfen wir auch sein.

Wir sind verantwortlich für unser Wohlbefinden und für den Schutz unserer Gesundheit und unseres Körpers – selbst jedes Tier hat einen solchen Selbstschutzinstinkt. Unseren Körper von unserem Kopf oder auch unserem Umfeld permanent künstlich antreiben zu lassen müssen wir unterbinden.

Wir sind deshalb für uns so wichtig, weil wir es sind, die die Verantwortung für uns tragen. Zudem können wir uns auch nur dann wirklich gut um Andere kümmern und Anderen etwas geben, wenn es uns selbst gut geht.

Es ist unerlässlich, dass Du Dich, falls nötig, immer wieder selbst daran erinnerst, dass Du für Dich der wichtigste Mensch auf der Welt bist. Dass Du Dich gut um Dich kümmern und für Dich sorgen musst. Dass du auf Dich achten und Dir selbst Respekt entgegen bringen musst. Dass Du dafür sorgen musst, dass es Dir gut geht. Dass Du verdienst, dass es Dir gut geht und dass Du gesund bist. Dass Du Dich wohl fühlst und Mitgefühl mit Dir hast.

Du wirst feststellen, dass Du das, was Du Dir selbst gibst, bald auch von Anderen bekommen wirst. Wenn wir überzeugt sind, dass wir es verdienen, uns gut um uns zu kümmern, so werden wir das ausstrahlen und Andere werden es in unserem Umgang mit uns selbst bemerken. Sie werden dann ebenfalls davon überzeugt sein, dass wir das verdienen und uns entsprechend behandeln.

Beginne gleich jetzt damit und nimm Dich wichtig – von heute bis zum letzten Tag Deines Lebens!

Nimm Deine Bedürfnisse ernst

Selbstfürsorge und Selbstliebe aktiv zu leben bedeutet, dass Du liebevoll und fürsorglich auf Deine Bedürfnisse eingehst, sie wichtig nimmst und ihnen nachkommst. Dafür musst Du den Raum haben (und Dein Leben so führen), dass Du sie auch wahrnehmen und spüren kannst. Was Du dafür beachten solltest und wie Du das tun kannst, hast Du in den letzten Kapiteln erfahren.

Doch Du musst sie nicht nur spüren, sondern auch wichtig nehmen! Wichtiger, als die Anforderungen des Alltags und die Erwartungen anderer Menschen an Dich! Deine Bedürfnisse müssen zu Deiner Priorität werden, denn wenn wir vieles zu tun haben und uns entscheiden müssen was wir zurückstellen, dann entscheiden wir uns immer für die Dinge, die für uns die geringste Priorität haben.

Stelle niemals Deine eigenen Bedürfnisse dauerhaft zurück! Sondern mache stattdessen Deine Bedürfnisse zu Deiner Priorität (und gestehe anderen Menschen zu, das für sich selbst ebenfalls zu tun).

Wenn Du Dich selbst wichtig nimmst, wirst Du automatisch auch Deine Bedürfnisse ernster nehmen. Der Grund dass wir sie häufig übergehen liegt darin, dass wir sie nicht ernst genug nehmen – und der Grund hierfür liegt zu einem großen Teil darin, dass wir uns selbst nicht wichtig genug finden, als dass unsere Bedürfnisse so viel Raum bekommen sollten.

Aber auch das Thema Bedürfniserfüllung hat nicht das Geringste mit Egoismus zu tun. Es geht hier nicht darum, unsere Wünsche und unseren Willen auf Kosten Anderer durch zu boxen, sondern darum, das, was unser Körper und unser Geist brauchen, als berechtigt und unsere Bedürfnisse als Warnung unseres inneren natürlichen Selbsterhaltungssystems zu verstehen, das uns darauf hinweisen will, dass uns etwas fehlt oder wir uns von etwas zu viel zumuten - und es aus diesem Grund ernst zu nehmen.

Uns selbst unsere elementaren Bedürfnisse (nicht zu verwechseln mit unseren Träumen und Wünschen), zum Beispiel nach Schlaf, Ruhe, Langsamkeit, frischer Luft, Flüssigkeit, Vitaminen, einer Pause oder einer Auszeit, Rückzug usw. zu erfüllen, ist kein Luxus, den man sich leisten kann wenn es gerade passt und der ausfallen muss, wenn es nicht passt, sondern ist vielmehr eine Voraussetzung für unser gesundes Fortbestehen. Wir müssen unsere Bedürfnisse daher unbedingt ernst nehmen.

Darüber hinaus sind WIR diejenigen, die dafür sorgen müssen, dass unsere Bedürfnisse auch erfüllt werden – und zwar auch gegen mögliche Widerstände. Wir können diese Aufgabe niemand anderem in die Schuhe schieben.

Natürlich müssen wir stetig abwägen und auch die Interessen unserer Mitmenschen berücksichtigen. Wir müssen jedoch ein Gespür dafür entwickeln, wann wir unser Bedürfnis auch einmal etwas später erfüllen können

– und wann es sofort und ohne Kompromiss sein muss. Und das müssen wir dann auch durchsetzen. Das mag dazu führen, dass wir nicht mehr bei jedem das Bild des Netten, Kooperativen und jederzeit Verfügbaren abgeben. Aber wenn wir unsere Bedürfnisse ernst nehmen und wo nötig auch durchsetzen, wird uns das Respekt von Anderen einbringen.

Und es wird uns selbst und unseren Körper, unsere Gesundheit und unseren Job, unseren Alltag, unser Leben und unser Glück schützen.

Bringen wir uns selbst also Respekt entgegen und nehmen wir unsere eigenen Bedürfnisse ab sofort wirklich ernst.

Sei liebevoll und geduldig mit Dir selbst

Neben dem Respekt für unsere Bedürfnisse ist auch die Art, wie wir mit uns selbst sprechen, von unermesslich großer Bedeutung, wenn es darum geht, unser Leben so zu führen, dass es uns gut tut.

Unsere ständig kritische, überwiegend antreibende oder gar niedermachende innere Stimme muss verstummen. Diese Stimme, die uns permanent unter Stress setzt und uns Dinge sagt wie „Kannst Du nicht aufpassen!... Das schaffst du nie!... Du hast gerade ein lächerliches Bild abgegeben!... Beeil Dich, mach schneller!... Warum solltest ausgerechnet Du damit Erfolg haben!....".

Sie muss ersetzt werden durch eine liebevolle und freundschaftliche Stimme in uns selbst, die uns Verständnis, Mitgefühl, Loyalität, Bestätigung und auch Anerkennung entgegenbringt, die uns beruhigt und tröstet und uns Dinge sagt wie „Lass Dir Zeit, Du musst Dich nicht hetzen...Du machst das ganz wunderbar...Du Armer, dass Du nach nur fünf Stunden Schlaf einen so herausfordernden Tag vor Dir hast. Wir machen Dir jetzt erst einmal einen schönen heißen Kaffee und dann geht es schon besser...jetzt ruhen wir uns erst einmal aus...Toll, dass du diese stressige Woche so gut gemeistert hast – Du hast wirklich viel geleistet in den vergangenen fünf Tagen...lass Dich nicht irritieren, an Dir ist alles in Ordnung..."

Diese Stimme kommt aus uns selbst. Es sind wir, die mit uns selbst so umgehen und die dafür verantwortlich sind – und es sind wir, die darüber entscheiden, wie wir uns behandeln. Hören wir auf damit, so grausam zu uns zu sein! Wie können wir uns so etwas antun – wo wir doch vollkommen in Ordnung sind, uns doch so oft so sehr anstrengen und unser Leben so gut leben, wie wir nur können. Wir müssen uns selbst ausgezeichnet behandeln! Müssen mit uns selbst voller Wertschätzung und Hochachtung sprechen. Wir müssen zu uns halten und uns unterstützen, uns bestätigen, anerkennen und loben, uns trösten und beruhigen. Wir brauchen all das genauso wie jeder andere Mensch.

Ich möchte Dich dazu einladen, Deine innere Stimme zu Deinem Freund und engstem Verbündeten zu machen. Trainiere Dich für die nächsten 7 Tage konsequent darin, Deine kritische innere Stimme zu erkennen, zu stoppen und immer wieder mit Deiner liebevollen inneren Stimme zu ersetzen – so oft es nötig ist. Sage Dir liebevolle Dinge! Viele Male am Tag! Und sei damit wirklich konsequent!

Du verdienst einen liebevollen Umgang! Du verdienst Deine eigene Liebe!

Sei stets geduldig und liebevoll mit Dir selbst! Alles andere wäre unglaublich ungerecht Dir selbst gegenüber und Dir in keiner Weise angemessen.

Denn Du bist gut - so wie Du bist. Was Du kannst und tust ist ausreichend! Es ist nicht zu wenig – es ist viel wert.

Gönne es Dir, Dich ab jetzt mit Menschen zu umgeben, die das ebenfalls so sehen! Aber sieh Dich zu allererst einmal selbst so! Behandle Dich wie einen lieben, wertvollen, wunderbaren Menschen, denn genau das bist Du!

Gib Dir ab heute nur noch Gutes-denn Du verdienst das Allerbeste! Und das solltest Du Dir auch gönnen...

Bleib bei Dir, egal was passiert

Wie Du zurück ins Urvertrauen kommst

Im letzten Kapitel hast Du erfahren, wie Du gut auf Dich aufpasst und mit Dir selbst und dem Leben so umgehst, dass es Dir gut geht.

In diesem Kapitel möchte ich mit Dir gemeinsam nun den nächsten Schritt zu Deiner neuen Selbstliebe gehen und Dir zeigen, wie Du dafür sorgen kannst, dass Du Dich auf noch tieferer Ebene wohl fühlst, dass Du alles bekommst was Du brauchst, dass Du wieder ganz bei Dir selbst ankommst und Dich wirklich tief im Inneren mit Dir verbindest und bei Dir bleibst, egal was passiert.

Ich möchte damit beginnen, indem ich Dir zeige, wie Du Geborgenheit in Dir selbst findest und Urvertrauen entwickelst.

Vielleicht fragst Du Dich jetzt: Was haben Urvertrauen und das Gefühl von Geborgenheit mit Selbstliebe zu tun?

Die Antwort ist einfach: Beides ist eine Voraussetzung dafür, dass Du Dich selbst lieben kannst! Denn wenn es Dir an Urvertrauen mangelt, dann bist Du ständig angespannt, Du hast Angst oder Sorge, dass Dir oder Anderen etwas passieren könnte oder sich Gefahren für Dich auftun könnten – und diese Angst geht so tief an Deine Essenz, dass Du aus reinem Selbstschutzinstinkt heraus Deine ganze Konzentration und Energie (oder einen sehr großen

Teil davon) in die Lösung oder Vorbeugung dessen steckst, was Du (bewusst oder unbewusst) im Leben befürchtest.

Und wenn Dein Fokus und Deine Energie auf die Gefahren des Lebens ausgerichtet sind, können sie nicht zugleich liebevoll auf DICH gerichtet sein.

Wenn es uns also an Urvertrauen mandelt, dann sind wir mit unserer Aufmerksamkeit zu sehr im Außen, und zu wenig bei uns selbst. Haben nicht die Ruhe, uns uns selbst zuzuwenden, uns zu spüren, uns anzunehmen und in Gedanken zu umarmen, uns lieb zu haben und Freude und Fülle in uns selbst aufzubauen.

Deshalb werden wir in diesem Buch nun diese entscheidende Voraussetzung schaffen. Denn unser Ziel ist es ja, Dich wieder ganz in Dein Leuchten zu bringen (und das wird nicht möglich sein, wenn Du bewusst oder unbewusst nahezu ständig nach Gefahren des Lebens Ausschau halten und Strategien entwickeln musst, um Dich zu schützen – und so Deine wertvollen Ressourcen verbrauchst).

Lass uns deshalb Dein Urvertrauen (wieder oder erstmals) aufbauen, und dafür sorgen, dass Du Dich in Dir selbst geborgen fühlst.

Das Gefühl von GEBORGENHEIT ist wichtig für uns, um als Kinder Urvertrauen zu entwickeln. Ich habe es bereits kurz angesprochen: Wenn uns dieses Urvertrauen fehlt, werden wir später immer wieder von Ängsten, Sorgen, Anspannung und dem Wunsch nach Kontrolle geplagt. Und so wird es in späteren Jahren schwierig für uns, ein gelassenes Leben zu führen, loslassen, empfangen und uns fallen lassen oder uns auch einmal treiben lassen zu können.

Zwar entwickeln wir Urvertrauen hauptsächlich in unserer Kindheit, aber auch wenn wir es als Kind nicht ausreichend aufbauen konnten, so können wir das auch als Erwachsene zumindest teilweise nachholen, indem wir uns regelmäßig Situationen in unserem Leben schaffen, in denen wir uns rundum geborgen und aufgehoben fühlen und uns ganz in das Leben fallen lassen können.

Nur zu oft suchen wir das Gefühl von Geborgenheit bei anderen Menschen, zum Beispiel bei unserem Partner. Wenn wir jedoch andere Menschen dafür brauchen, um uns geborgen zu fühlen, geraten wir in eine emotionale Abhängigkeit und müssen stets besorgt sein, sie zu verlieren.

Diese Sorge hindert uns wiederum dran, unbeschwert und gelassen durchs Leben zu gehen und uns in Liebe uns selbst zuwenden zu können. Ja, es hindert uns daran, bei uns selbst bleiben zu können. Es ist deshalb viel besser, wenn wir lernen, Geborgenheit in uns selbst zu finden und uns diesen Zustand auch bewusst selbst schenken zu können.

Je öfter Du Dich dann in diesem Zustand der Geborgenheit befindest, desto ruhiger und entspannter wirst Du und desto mehr kannst Du loslassen und Dich fallen oder treiben lassen.

Um das umzusetzen, möchte ich Dir nun 3 praktische Schritte vorstellen:

Schritt 1

Das Gefühl von Geborgenheit erlebt jeder Mensch in unterschiedlichen Situationen. Finde deshalb zunächst heraus, was Du brauchst, um Dich geborgen zu fühlen und was Du tun kannst, um dieses Gefühl in Dir hervorzurufen.

In welchen Situationen fühlst Du Dich gut aufgehoben, geschützt und sicher, ganz angenommen? In welchen Situationen hast Du das Gefühl, alles ist gut, hier kann mir nichts passieren?

Notiere 10 bis 20 solcher Situationen.

Mit welchen Menschen bist Du zusammen? Oder bist Du allein? In welcher Umgebung bist Du? Was tust Du...?

Schritt 2

Fertige eine Liste mit Aktivitäten an, die Dir dieses Gefühl der Geborgenheit schenken.

Ist es ein Besuch bei Deinen Eltern? Ein warmes Bad? Ein bestimmtes Buch oder ein Film? Ein bestimmter Duft? Eine bestimmte Umgebung, zum Beispiel ein gemütliches altes Haus, der Anblick von knisterndem Feuer, das Gespräch mit einer bestimmten Person oder über ein bestimmtes Thema, Dich jemandem anzuvertrauen, alleine zuhause zu sein und Dich in einen gemütlichen Sessel einzukuscheln?

Diese Aktivitäten können zwar auch andere Menschen mit einbeziehen, aber sie sollten nicht von einem BESTIMMTEN Menschen abhängen.

Schritt 3

Plane, wie Du diese Aktivitäten ab jetzt regelmäßig in Deinen Alltag einbaust um Stück für Stück Dein Urvertrauen aufzubauen...

Schenke ihnen (und damit Dir selbst) Priorität und trage sie jetzt gleich als Termine in Deinen Kalender ein, dadurch erhalten sie eine größere Wichtigkeit, und tue regelmäßig (mindestens einmal wöchentlich, besser täglich) etwas, das Dir das Gefühl von Geborgenheit schenkt.

Je weniger Urvertrauen Du momentan in Deinem Leben hast, umso häufiger solltest Du Dinge tun, bei denen Du Geborgenheit findest.

So kannst Du langsam aber sicher Dein Urvertrauen wieder aufbauen und Dich immer tiefer in Dich selbst und das Leben fallen lassen...

Besuche Dein inneres Kind

Neben der Fähigkeit, Dir selbst ein Gefühl der Geborgenheit zu schenken ist auch die Heilung Deines inneren Kindes eine zweite wichtige Säule, wenn es darum geht, Urvertrauen (wieder) zu erlernen. Denn Dein inneres Kind wohnt bis heute in Dir und seine alten Wunden nehmen bis heute Einfluss auf Deine Gefühle, Deine Weltsicht und Dein Leben.

Je tiefer die Wunden Deines inneres Kindes sind, je verlassener und trauriger es ist, desto stärker wird es mit seinen Ängsten, mit seiner Trauer, mit seiner Scham, seiner Einsamkeit und vielleicht auch seiner Wut auf Dein Leben einwirken und es von innen heraus steuern.

Die meisten Menschen tragen ein verletztes inneres Kind in sich. Doch ich habe eine gute Nachricht für Dich:

Du kannst Dein inneres Kind auch heute noch heilen. Und das wird Dein gesamtes Leben zum Positiven verändern und eine große Last von Deinen Schultern nehmen! In den meisten Fällen ist das ohne Therapie und lange schmerzvolle Sitzungen erfolgreich möglich.

Was Du jedoch dafür brauchst ist Mut:

Mut, Dir die Wahrheit (DEINE Wahrheit) anzuschauen und zu sehen, wie es Dir und Deinem inneren Kind WIRKLICH geht, was es wirklich fühlt und was es wirklich braucht.

Und die Bereitschaft, Dein inneres Kind zu sehen, es wichtig zu nehmen, es immer wieder zu trösten (wann immer es sich in Deinem Leben zu Wort meldet und solange es Trost braucht), es in den Arm zu nehmen und lieb zu haben!

Ich möchte Dir in diesem Kapitel nun 3 Schritte zeigen, mit denen Du die Arbeit mit Deinem inneren Kind wunderbar und erfolgreich zuhause für Dich selbst und ohne Therapeuten umsetzen und Dein inneres Kind heilen kannst.

Bitte nimm an, dass Dein inneres Kind für diesen Prozess Zeit und Geduld braucht. Bleibe dran, auch wenn Du am Anfang durch den einen oder anderen Schmerz hindurch musst. Mache weiter!! Es wird sich lohnen!

Alle Gefühle sind vergänglich... Und wenn Du die alten schmerzhaften Gefühle Deines inneren Kindes endlich nicht mehr verdrängst, sondern sie fühlst, sie endlich akzeptierst und angemessen liebevoll auf sie reagierst um Dich selbst zu heilen und zu beschützen, dann werden sich diese Gefühle irgendwann auflösen wie Wolken am Himmel...

Du wirst den strahlenden blauen Himmel dahinter (vielleicht zum ersten Mal in Deinem Leben) wieder sehen, und es wird eine Schwere von Dir abfallen, die Dich womöglich bereits Dein ganzes Leben begleitet.

Lass uns also beginnen:

Schritt 1

Nimm Dir an einem ruhigen, stressfreien Tag an dem es Dir gut geht und Du innerlich ruhig und entspannt bist (zum Beispiel einem Sonntag) 10 Minuten Zeit, zieh Dich zurück und mache es Dir an einem ruhigen, bequemen Ort gemütlich.

Schließe die Augen, folge ein paar Sekunden Deinem Atem und zähle dann langsam rückwärts von 10 bis 1...

Wenn Du bei 1 angekommen bist, dann versetze Dich einmal zurück in die Zeit, als Du ein Kind warst, sieh Dich selbst als Kind vor Dir, nimm wahr, in welchem Zustand Dein inneres Kind ist und wie es sich fühlt und frage ganz ruhig und mitfühlend:

Wo hast Du damals vom Leben und von den Menschen, denen Du vertraut hast, nicht das bekommen was Du gebraucht hast?

Wo bist Du mit Deinen Bedürfnissen nicht gesehen oder (womöglich sogar bewusst) übergangen worden?

An welchem Punkt ist Dir vom Leben oder von anderen Menschen geschadet worden und niemand hat Dir geholfen?

Wie hast Du Dich in diesen Situationen gefühlt?

Was hättest Du damals gebraucht?

Lass Dich für einen Moment auf das Gespräch mit Deinem inneren Kind ein, höre Dir an, was es Dir sagt. Wenn Du anschließend die Augen wieder öffnest, schreibe Dir in kurzen Stichworten die Antworten auf, die Du von ihm bekommen hast.

Ich empfehle Dir, dazu keine langen, ausführlichen Sätze aufzuschreiben und auch nicht zuviel Zeit auf diesen ersten Schritt zu verwenden, sondern wirklich nur 10-15 Minuten, denn es geht hier nicht darum, tief in den alten Schmerz zu gehen (das ist gar nicht notwendig) oder Dich in Groll gegen bestimmte Menschen aus Deiner Kindheit zu verlieren, sondern es geht um DICH und darum, was Du HEUTE für Dich tun kannst!

Darum, Dein inneres Kind zu treffen, zu verstehen, was es durchgemacht hat, was ihm das Vertrauen in das Leben genommen (oder es geschmälert) hat und was es damals gebraucht hätte, um vertrauen zu können, sodass Du ihm heute bestimmte Dinge geben kannst, damit seine Wunden heilen können.

Denn Dein inneres Kind wohnt bis heute in Dir, und seine Ängste, Sorgen und Emotionen beherrschen noch immer Dein inneres Erleben und Deine Sicht auf die Welt. Seine alten Wunden schmerzen bis heute, sobald sie berührt werden...

Es ist deshalb Zeit, die alten Wunden heilen zu lassen und dafür zu sorgen, dass es sich wieder wohl fühlt. Und das kannst Du auch heute noch tun, dafür ist es nie zu spät...

Wenn Du möchtest, kannst Du diese Übung aus Schritt 1 auch mehrmals oder für eine Weile sogar regelmäßig machen, z.B. mehrmals im Laufe dieser Woche oder in den kommenden Wochen regelmäßig einmal die Woche. Das ist hilfreich wenn Du das Gefühl hast, dass es noch mehr gibt, was Dein inneres Kind Dir von sich zeigen und erzählen möchte.

Die allermeisten Menschen wiederholen diese Übung für mindestens einige Wochen regelmäßig. Vielleicht taucht Dein inneres Kind bei jeder Übung in einem anderen Alter vor Deinem inneren Auge auf. Das ist sehr gut! Denn dann möchte es Dir zeigen, dass es mehrere Zeitpunkte oder Phasen hab, in denen es innere Verletzungen davon getragen hat. Und je ganzheitlicher Du Dein inneres Kind und seine Geschichte erkennen und verstehen lernst, desto ganzheitlicher kannst Du heilen.

Halte die Übung aber immer bewusst kurz bei 10-15 Minuten, um Dich nicht zu sehr in altem Schmerzen zu verlieren, denn es geht hier nur darum, Dein inneres Kind, als Teil von Dir, in seiner ganzen Wahrheit SEHEN und VERSTEHEN zu lernen (was die Grundlage von Selbstliebe bildet, denn wir können nur lieben, was wir kennen und verstehen). Gewollt und notwendig ist jedoch NICHT, dass Du alle Deine alten Schmerzen noch einmal in voller Intensität erlebst. Es reicht, wenn Du einen Hauch dieser alten Gefühle für diese wenigen Minuten während Deines Erkenntnisprozesses fühlst, was sich oft nicht vermeiden lässt.

Vergiss nicht: Das, worauf wir unsere Aufmerksamkeit richten, wächst... Wir wollen deshalb nur solange wie zum tieferen Verständnis nötig auf ein Problem (und seine Ursachen) schauen und uns danach dann wieder auf die Lösung konzentrieren, also auf den Punkt, zu dem wir hinwollen: in diesem Fall Dein inneres Leuchten...

Schritt 2

Schreibe Dir jedes Mal, nachdem Du die Übung aus Schritt 1 gemacht hast, direkt anschließend 3 Dinge auf, die Dein inneres Kind damals besonders oder am meisten gebraucht hätte und nicht bekommen hat. Zum Beispiel Hilfe in einer bestimmten Situation, Loyalität, Beistand und Verständnis, Bestätigung, Ermutigung, Trost, eine Umarmung, Rücksichtnahme, Gesehenwerden, das Erfüllen bestimmter wichtiger Bedürfnisse...

Wenn Dir mehr Dinge einfallen, schreibe sie in kurzen Stichpunkten auf und wähle dann die 3 – 4 wichtigsten Dinge daraus aus.

Es geht bei diesem 2. Schritt darum, die 3-4 wichtigsten Dinge herauszufinden, die Dein inneres Kind damals gebraucht hätte, um VERTRAUEN zu können, oder vielmehr, um sein VERTRAUEN in die Menschen und das Leben nicht zu verlieren.

Schritt 3

Dieses Verständnis ist wichtig, denn oft wiederholen wir negative und enttäuschende Erfahrungen aus unserer Kindheit als Erwachsene in unseren Beziehungen mit anderen Menschen. Das können Partner sein, aber auch die Freunde die wir uns aussuchen oder die Kollegen, deren Nähe wir zulassen oder suchen.

Wir suchen uns diese Menschen oft unbewusst aus, weil sie uns vertraut erscheinen. Sie leben und tun mit uns das, was wir aus unserer Kindheit kennen und was sich für uns somit „normal“ anfühlt. Wenn wir zum Beispiel als Kind keine Loyalität erfahren haben, dann suchen wir uns später manchmal (unbewusst) Menschen aus oder akzeptieren Menschen in unserem engeren Kreis, die uns ebenfalls keine Loyalität schenken können oder wollen. Wenn wir sehr oft alleine gelassen oder nicht gesehen wurden oder unsere Grenzen oft übertreten wurden, dann akzeptieren wir später oft Beziehungen, in denen wir ebenso behandelt werden.

Und so passiert es leider nicht selten, dass wir auch als Erwachsene immer wieder die enttäuschenden Erfahrungen machen, die wir bereits als Kind gemacht haben und vielleicht irgendwann das Gefühl bekommen: Egal wie sehr ich mich anstrenge, ich erlebe einfach doch immer wieder die gleichen Enttäuschungen.

Der Grund dafür ist zu einem wesentlichen Teil Dein (unbewusster) Auswahlmechanismus, also das, was Du bei

Menschen akzeptierst und als normal und in Ordnung im Umgang mit Dir ansiehst und somit auch duldest.

An dieser Stelle solltest Du etwas ändern, wenn Du Dein Urvertrauen aufbauen möchtest, denn Beziehungen (Freundschaften, Partnerschaften und andere Beziehungen), die immer wieder die gleichen alten Wunden in Dir aufreißen (triggern), werden es unmöglich machen, dass Deine alten inneren Wunden abheilen.

Um ins Urvertrauen zu kommen, musst Du deshalb konsequent sein und Dir selbst einen Lebensraum schaffen, in dem Deine alten Wunden in Ruhe gelassen werden und heilen und Du neue, positive Erfahrungen machst, die Dir neues Vertrauen schenken.

Überlege Dir bitte deshalb nun:

Was brauche ich heute, um vertrauen zu können?

Welche Menschen in meinem aktuellen Umfeld behandeln mich genauso oder ähnlich, wie ich als Kind behandelt wurde, und was mir mein Vertrauen genommen hat? Was tun diese Menschen heute konkret? Welche Gefühle löst das bei mir aus?

Welche Menschen in meinem Umfeld behandeln mich heute so, wie ich es als Kind gebraucht hätte und wie es mir und meinem inneren Kind gut tut und es mir leicht macht, zu vertrauen?

Und nun kommt ein etwas schwieriger Schritt, den ich Dir trotzdem unbedingt ans Herz legen möchte:

Triff die klare Entscheidung, Dein inneres Kind zu beschützen und Dich für es stark zu machen und distanziere oder trenne Dich dafür von Menschen, die Deine inneren Wunden immer wieder aufreißen. Das kannst Du auch ganz langsam und Schritt für Schritt tun, zum Beispiel indem Du diese Menschen seltener oder kürzer besuchst, Dir weniger oft Zeit für sie nimmst oder den Kontakt langsam auslaufen lässt.

Suche gleichzeitig verstärkt den Kontakt zu den Menschen, die Dir gut tun (selbst wenn es im Moment nur ganz wenige, vielleicht sogar nur ein oder zwei Menschen sind). Wenn Du Deinen Umgang mit Dir selbst und Deinen Auswahlmechanismus in Beziehungen (Freundschaften, Bekanntschaften, Partnerschaften etc.) veränderst, weil Du mehr Klarheit gewonnen hast, was dir gut tut und was Dir schadet, werden mit der Zeit immer mehr solche Menschen in Dein Leben kommen – und Du wirst die Menschen die Dir gut tun vor allem viel schneller erkennen als bisher!

Entscheide Dich dafür, Dich zu lieben!

Wahre Selbstliebe heißt bei dir zu bleiben - egal was passiert!

Es heißt zu Dir zu stehen, Dich nicht zu verleugnen, egal welche Ablehnung Du möglicherweise für das, was Du BIST, erfahren magst.

Denn die Wahrheit ist:

Jeder Mensch erfährt Ablehnung, auch wenn wir uns das oft nicht vorstellen können, wenn uns ein Mensch all zu perfekt und liebenswert erscheint. Ich kann Dir sagen: Es werden an ihm einfach nur andere Aspekte abgelehnt als an Dir.

Deshalb triff heute eine klare Entscheidung:

Die Entscheidung, DICH zu lieben, egal was die Welt von Dir denkt!

Entscheide Dich heute FÜR DICH! Dafür, ALLE Aspekte an Dir richtig zu finden, zu jedem von ihnen zu stehen und ab diesem heutigen Tag für den Rest Deines Lebens keine Seite von Dir mehr zu verleugnen.

Eine echte Entscheidung ist ungeheuer machtvoll! Sie konzentriert Energie, leitet sie in eine neue Richtung und vermag das Universum zu erschüttern.

Ja, alles beginnt mit einer Entscheidung!

Triff Deine Entscheidung für DICH heute!

Ich möchte Dich von Herzen ermutigen, diesen machtvollen Schritt der Entscheidung wirklich jetzt zu gehen.

Stehe zu Dir! Zu allem an Dir!

Und mach Dir keine Sorgen, dass Du damit vielleicht bald alleine dastehst. Wenn Du in einem Umfeld bist, das Dir wenig Liebe entgegenbringt, dann kann es tatsächlich sein, dass Du für eine Weile den Weg Deines inneren Wachstums alleine gehen wirst. Aber ich verspreche Dir: Es werden neue Menschen kommen! Die richtigen Menschen für DICH!

Denn auch wenn Du nicht zu jedem passt und nicht alle Geschmäcker und Erwartungen erfüllst, egal, was Du tust, so bist Du RICHTIG mit allem was Dich ausmacht. Und es gibt Menschen, die alle Facetten an Dir RICHTIG und GUT finden!

Aber sie werden Dich erst erkennen und zu Dir kommen können, wenn Du die Masken fallen lässt und Dein wahres ICH zeigst! Stolz... Würdevoll... In Liebe!

Und Du wirst sie auch erst sehen können, wenn Du Dich aus dem Nebel des Kampfs um falsche Anerkennung (und mit Bedingungen verknüpfte Liebe) befreist.

Du erkennst die richtigen Menschen für Dich daran, dass mit ihnen die Dinge leicht und selbstverständlich gehen... und dass es mit ihnen voran geht und nichts still steht und blockiert wird... Dass Du Dich richtig, stark, wertvoll und groß fühlst und nicht unsicher und klein.

Vertraue dem Leben!

Wenn Du wachsen und Dich entwickeln willst, (was Du mit dem Lesen dieses Buches bereits tust) dann tue es aus Liebe zu Dir, und um Dir selbst mehr Möglichkeiten zu schenken, Dein kostbares Leben zu erleben und zu lieben, aber tue es niemals aus dem Glauben daraus, besser werden zu müssen, um geliebt werden zu können.

Du bist genug! Alles an Dir ist richtig!

Wachstum solltest Du Dir niemals aufzwingen, damit Du anderen gefallen kannst, sondern Du kannst es DIR schenken, damit Dir Dein Leben noch mehr gefallen kann...

Deshalb bleibe bei DIR! Tue die Dinge auf Deine Weise!

Liebe Dich einfach - egal was Andere darüber denken.

Und verlasse Dich selbst niemals mehr, egal was passiert!

Vergiss nicht:

Die große Liebe Deines Lebens bist DU!

Leuchte auf Deine eigene Weise

Wie Du Deine inneren emotionalen Gefäße füllst und ganz in die Fülle kommst

Nachdem Du im ersten Kapitel dieses Buches die Kunst der liebevollen Lebensführung und im zweiten Kapitel einen Weg kennengelernt hast, wie Du Dich wieder mit Dir selbst verbindest, zu Dir selbst zurück findest und in Dir Geborgenheit findest, und Du nun auch eine klare Entscheidung FÜR DICH getroffen hast, möchte ich Dir in den folgenden Kapiteln zeigen, wie Du den inneren Raum in Dir, Deine emotionalen inneren Gefäße, mit wunderschönen und kraftgebenden Gefühlen wie Liebe, Freude, Erfüllung, Dankbarkeit, Ehrfurcht und vielem mehr auffüllen kannst, was echte Fülle in Dein Leben bringt und Dich Dein wahres Leuchten wieder finden lässt, mit dem Du geboren wurdest.

Viele Menschen gehen mit einer gewissen inneren Leere durchs Leben. Sie sind stark im Kopf und mit ihren Gedanken aktiv, aber der innere emotionale Raum, der bei einem glücklichen, starken und erfüllten Menschen mit positiven Emotionen randgefüllt ist, wurde oft über sehr lange Zeit vernachlässigt, bis er nahezu leer gelaufen ist.

Wir sind dann nicht mehr von innen heraus erfüllt und glücklich, sondern brauchen externe Ereignisse, also Ereignisse im Außen, die uns das Gefühl von Glück und Freude schenken und unseren inneren Raum – ich nenne ihn unsere inneren Gefäße – wieder auffüllen.

Wenn es uns in unserem Leben über längere Zeit an Momenten intensiver Freude und Fülle fehlt, weil wir unser Leben nicht konsequent danach ausgerichtet haben, aber auch durch schlechte Erfahrungen, die wir im Laufe unseres Lebens machen und auch dann, wenn wir als Kinder nicht die Geborgenheit und das Gefühl der Sicherheit, Annahme und Liebe bekommen haben, das wir gebraucht haben, dann laufen unsere inneren Gefäße irgendwann leer..

Wir spüren dann im Laufe der Jahre oft immer stärker bewusst oder unbewusst, dass uns etwas fehlt, dass wir irgendwie nicht ganz vollständig, nicht ganz unabhängig sind und im Prinzip stetig etwas von außen brauchen um uns wohl zu fühlen, und das lässt uns unruhig und rastlos werden.

Auf diese Rastlosigkeit wählen wir dann meist einen der beiden folgenden Wege:

Wir laufen entweder vor uns selbst und unserem leeren inneren Raum davon, indem wir uns ablenken durch Arbeit, Sport, soziale Medien, Filme und Serien schauen, exzessives Feiern, Suchtmittel oder das Beschäftigen mit bestimmten praktischen Problemen oder auch mit den Problemen anderer Menschen oder Misständen in der Welt – um nicht hinsehen und die Leere in uns wirklich fühlen zu müssen.

Der andere Weg ist der, zu versuchen, von außen Dinge zu bekommen, um unsere inneren Gefäße aufzufüllen - mit einem Gefühl von Sicherheit, von Abwechslung und Spaß, von Lebendigsein, von Sinnhaftigkeit, von Fülle, von Liebe, von Geborgenheit...

Das tun wir zum Beispiel, indem wir besonders nach Bestätigung von anderen Menschen suchen, indem wir uns von Partnern, Freunden, Kindern und anderen Familienmitgliedern erhoffen, dass sie uns glücklich machen und uns das Gefühl von Liebe, Geborgenheit, Sicherheit oder auch Abwechslung und Lebendigsein schenken, das wir suchen, oder wir tun es, indem wir entweder stetig neue Abenteuer suchen, um uns lebendig zu fühlen, oder aber indem wir im Gegenteil beginnen, uns besonders stark abzusichern gegen die Gefahren des Lebens, um uns sicher zu fühlen.

Es kann auch dazu führen, dass wir beginnen uns für Andere aufzuopfern und zum Retter werden, um das Gefühl von Sinnhaftigkeit und Wichtigsein zu spüren, nach dem wir uns vielleicht innerlich sehnen, oder um ein Gefühl von Verbundenheit zu erlangen. Häufig passiert es auch, dass wir bewusst einem anderen Menschen ganz besonders viel geben in der Hoffnung, er würde uns das Gleiche im zurückgeben. Leider passiert das oft nicht so, wie wir es uns erhoffen und wir bleiben dann enttäuscht oder gar erschöpft mit noch leereren inneren Gefäßen zurück...

Beide Wege bringen uns nicht das, was wir uns erhoffen und ersehnen, sondern sie führen uns im Gegenteil von echter innerer Fülle, einem Zustand der intensiven Freude und dem echten Fallenlassen in das Leben noch weiter fort.

Der erste Weg führt uns weg von uns selbst und vom echten (Er-)leben. Und der zweite Weg macht uns emotional abhängig von anderen Menschen und den Geschehnissen im Außen, was unser Leben und Fühlen wiederum chaotisch und unstet werden lässt (denn das Leben und alle Formen von Beziehungen sind ihrer Natur nach unstet und „nicht sicher") und es lässt nicht selten Ängste in uns entstehen oder sich verstärken, weil wir stets befürchten müssen, das, was wir uns im Außen erarbeitet und erkämpft haben um unsere inneren Gefäße zu füllen, wieder zu verlieren.

Ich möchte Dir deshalb in diesem Kapitel zeigen, was Du tun kannst, um Deine inneren Gefäße (also Deinen inneren Raum, in dem Deine Emotionen wohnen) selbst mit positiven Gefühlen aufzufüllen und so das Gefühl von innerer Ruhe, Frieden, Sicherheit, Geborgenheit, Wärme, Erfüllung, Liebe, aber auch Abwechslung, Lebendigsein, Spaß und Freude in Dir selbst zu erschaffen.

Wenn Du diesen Schritt gemeistert hast, musst Du nicht mehr vor Dir selbst und dem Leben davon laufen und kannst beginnen, Dich wieder auf das Leben einzulassen und wesentlich intensiver zu leben und Dich selbst wieder zu spüren. Und Du kannst zahlreiche Ängste oder Unsicherheits- und Unruhegefühle abbauen, die mit dem möglichen Verlust von Menschen, Beziehungen oder stabilisierenden Faktoren in Deinem Leben zu tun haben, und so emotionale Unabhängigkeit und Freiheit erreichen.

Übrigens macht echte (und nicht aufgesetzte) emotionale Unabhängigkeit einen Menschen ganz nebenbei ausgesprochen attraktiv. Und ein Mensch mit wirklich gut gefüllten inneren Gefäßen besitzt auf ganz natürliche Weise, und ohne irgendetwas dafür tun zu müssen, eine umwerfende Ausstrahlung.

Menschen wollen in seiner Nähe sein, um etwas von seiner Fülle zu spüren, denn der innere Zustand eines Menschen färbt immer nach einer Weile auf die Menschen in seinem Umfeld ab. Und wir haben ein sehr feines Gespür dafür.

Alles, was in unserem Inneren ist – sei es emotionale Leere oder ein Zustand der Fülle – scheint nach außen durch und wird bewusst oder unbewusst von unserem Umfeld wahrgenommen. Auch wenn wir es noch so gut zu überdecken und zu vertuschen suchen:

Wir strahlen aus was wir SIND!

Wie aber machst Du das nun konkret, Dich von innen heraus mit positiven Gefühlen anzufüllen und Deine inneren emotionalen Gefäße zu füllen?

Die Voraussetzung für ein Leben mit gut gefüllten inneren Gefäßen

Es gibt eine Voraussetzung, die Du dafür erfüllen musst:

Du musst das Auffüllen Deiner inneren Gefäße (also die Pflege und das Anfüllen Deines inneren Raumes mit positiven Erlebnissen, Emotionen und Zuständen) zu einer LEBENSAUFGABE machen.

Die Pflege Deines inneren emotionalen Raumes sollte für Dich so etwas werden wie das Zähneputzen. Denn sobald Du damit aufhörst, werden Deine Gefäße mit der Zeit wieder immer leerer, bis Du irgendwann unmerklich wieder an dem Punkt angekommen bist, an dem Du vielleicht heute beginnst.

Das bedeutet einerseits, dass Du Dich nicht nur dann um Deine inneren Gefäße kümmerst, wenn es Dir schlecht geht und Du Dich selbst wieder aufbauen oder Dir etwas Gutes tun willst.

Und Andererseits, dass Du es nicht nur dann (sozusagen als Notlösung) tust, wenn Du gerade nicht die Beziehungen in Deinem Leben hast, die Du Dir wünschst.

Nein, diese Arbeit ist etwas, das Du wie das tägliche Zähneputzen SELBST tun musst und das Du IMMER tun musst – auch dann, wenn es Dir bereits großartig geht und wenn Du die schönsten Beziehungen hast, die Du Dir vorstellen kannst.

Es ist wichtig, dass Du die Verantwortung für Deinen inneren Zustand übernimmst und die Pflege und Verbesserung zu DEINER stetigen Aufgabe machst, damit Du langfristig Verbesserungen erzielst und sie auch aufrecht erhältst.

Entscheidend ist aber auch, dass Du Dich nicht von anderen Menschen davon abhalten lässt, Dich um Dich selbst und Deinen inneren Raum zu kümmern. Es kann mitunter nötig sein, dass Du Dich selbst mehr an die erste Stelle stellst als Du es bisher getan hast und Dich darauf konzentrierst, ZUERST Dir selbst zu geben und dann anderen Menschen.

Beginne liebevoll aber bestimmt nein zu sagen, wo es nötig ist, und Dich DIR zuzuwenden. Lasse Dich auch nicht von Anderen durch Vorwürfe verunsichern oder von Deinem Vorhaben abhalten wie „Nie hast Du Zeit für mich, nie kümmerst Du Dich um mich, schon wieder lässt Du mich allein..." und ähnliches... Wenn Du solche Sätze oft von Menschen hörst die Dir nahe stehen, zum Beispiel von Deinem Partner, dann kann das ein Hinweis darauf sein, dass auch er mit leeren inneren Gefäßen durchs Leben geht und die Hoffnung (oder gar die Erwartung) an Dich hat, dass Du oder sein Kontakt mit Dir diese inneren Gefäße in ihm füllt.

Vielleicht kannst Du ihm liebevoll klar machen, dass jeder diese Aufgabe für sich selbst übernehmen sollte, weil eine andere Person das niemals kontinuierlich für einen anderen Menschen sicherstellen kann, und ihm dieses

Buch ebenfalls zum Durchlesen geben. Wenn Ihr beide beginnt, Eure inneren Gefäße jeder für sich selbst zu füllen, das beide zu Eurer Lebensaufgabe zu machen, und Euch gegenseitig von Herzen aufrichtig dabei zu unterstützen, kann das Eure Beziehung auf eine ganz neue Ebene heben, denn Ihr begegnet Euch dann aus einem Zustand der Fülle heraus!

Fülle in 4 Schritten Deine inneren Gefäße und beginne zu leuchten!

Schritt 1

Kommen wir nun zur praktischen Umsetzung:

Nimm Dir an einem ruhigen Tag etwas Zeit für Dich, mach es Dir schön, lege vielleicht schöne, inspirierende Musik auf, nimm Dir ein Notizbuch zur Hand und beantworte in Stichpunkten die folgende Frage:

Was brauchst Du, um Dich in Deinem Leben wohl zu fühlen:

Was für ein Zuhause?

Was für Nahrung, wieviel Bewegung, welchen Sport, wieviel Schlaf?

Wieviel Rückzug und Ruhe?

Wieviel Gemeinschaft,

Wieviel Neues erleben?

Wieviel Herausforderung?

Was für Freundschaften?

Was für eine Partnerschaft?

Was für ein Familienleben?

Wieviel Rituale und Traditionen?

Wieviel Abenteuer, Abwechslung und Neues erleben?

Wieviele Momente Zuhause?

Wieviele Momente in der Natur?

Welches Fitnesslevel?

Welche Kleidung und welchen Stil?

Welche Quellen der Inspiration (Literatur, Filme, künstlerisches Tätigsein, Gespräche mit Tiefgang, Meditation uvm)

Welche Genussmomente?

Was für einen Beruf?

Was für einen Tagesablauf?

Wieviel Geborgenheit?

Wieviel Geld?

Wieviel Luxus?

.....brauchst DU, um Dich ganz und gar wohl zu fühlen?

Hier gibt es kein richtig oder falsch. Es geht um DICH und Dein Leben. Deshalb sei hier wirklich ehrlich zu Dir und mache Dir Notizen dazu:

Was ist es für DICH?

Falls Du jetzt gerade denkst, dass Du kaum etwas von dem, was Du aufgeschrieben hast, wirklich im Alltag lebst, dann mach Dir keine Sorgen: Veränderungen sind Prozesse und sie dürfen ruhig etwas Zeit in Anspruch nehmen. Nicht umsonst ist das Füllen Deiner inneren Gefäße eine Lebensaufgabe, die immer schöner und mit mehr Freude verbunden sein wird, je mehr Du innerlich bereits erfüllt bist. Es ist wichtig dass Du wirklich ehrlich zu Dir bist und Dir Klarheit darüber verschaffst, was DU brauchst um Dich wohl zu fühlen.

Nur dann kannst Du Dir im Laufe der Zeit ein selbstbestimmtes Leben nach DEINEN Wünschen aufbauen. Es ist leichter als Du denkst.

Schritt 2

Ziel dieser Arbeit – dem Auffüllen Deiner inneren Gefäße – ist es, Gefühle wie

Sicherheit

Geborgenheit

Inneren Frieden

Verbundenheit

Erfüllung

Zufriedenheit

Kraft

Inspiration

Genuss

Freude

Fülle

...in Dir selbst aufzubauen und diese ein Leben lang als Quellen Deiner inneren Kraft und Fülle in Dir aufrecht zu erhalten.

Gehe deshalb nun noch die obenstehenden Gefühle durch und schreibe Dir daneben, was Dir einfällt, was Du ganz konkret IN DEINEM Leben brauchst oder Dir geben (oder mit anderen Menschen zusammen aufbauen) könntest, um diese Gefühle in Dir zu wecken, zu verstärken und schließlich zu einer dauerhaften Quelle Deines inneren Reichtums zu machen.

Was kannst Du tun, um Dir diese Gefühle zu geben?

Was kannst Du langfristig in Dein Leben integrieren, um diese Gefühle mehr zu fühlen?

Was brauchst Du dafür?

Was muss Bestandteil Deines Lebens werden?

Und was musst Du dafür aus Deinem Leben verabschieden?

Schreibe Dir zu jedem Gefühl mindestens 1-3 konkrete Dinge auf.

Schritt 3

Fertige nun basierend auf den Erkenntnissen und Ideen, die Du in Schritt 1 und 2 für Dich persönlich entdeckt und entwickelt hast, eine Liste DEINER ganz persönlichen Quellen der Fülle, Freude und Sicherheit an:

Was sind DEINE wichtigsten Quellen der Fülle?

Was sind DEINE wichtigsten Quellen um Dich sicher und geborgen zu fühlen?

Was sind DEINE wichtigsten Quellen der Freude?

Mache Dir ruhig eine lange Liste an Dingen, die DIR ganz individuell eben diese Gefühle schenken und mit denen Du Deine inneren Gefäße auffüllen kannst.

So hast Du ab jetzt eine große Auswahl an Dingen, unter denen Du in verschiedenen Phasen Deines Lebens oder einfach je nach Stimmungslage das aussuchen kannst was Dir gerade am meisten gut tut oder einfach am meisten Spaß macht.

Schritt 4

Schreibe nun im vierten Schritt auf, was Du ganz konkret in Deinem Leben verändern wirst, um Dir die Dinge zu geben, die Du in Schritt 1-3 als Quellen Deiner inneren Fülle entdeckt hast. Es geht dabei um die praktische Umsetzung und das regelmäßige Integrieren der Dinge in Deinen Alltag, die Deine inneren Gefäße füllen.

Denke dabei daran:

Nicht alles geht sofort... Besonders bei den größeren Veränderungen, die Du womöglich in Deinem Leben vornehmen möchtest gilt:

Setze Dich nicht unter Druck und versuche auch nicht, alles auf einmal zu verändern und neu aufzubauen.

Nimm Dir Zeit um Deine inneren Gefäße aufzufüllen...

Ich empfehle Dir, zu Beginn zunächst nur die leichten und kleinen Dinge zu verändern, die Du Dir aufgeschrieben hast oder in Dein Leben einzuführen, die Spaß machen und keinen großen Aufwand bedeuten.

Bereits die kleinen Dinge machen oft schon einen riesigen Unterschied für Dein Stimmungslevel und Dein inneres Erleben aus (vorausgesetzt Du machst sie zu einem REGELMÄSSIGEN Teil Deines Alltags!).

Und das bringt Dich in einen Zustand von Freude, Kraft, Motivation und Fülle, aus dem heraus Du sehr viel leichter und erfolgreicher später auch größere Veränderungen in

Angriff nehmen kannst (zum Beispiel in Bezug auf Deinen Beruf, Deinen Wohnort oder wichtige Beziehungen), sofern das wichtig für Dich ist, um Dich wohl zu fühlen.

Mache Dir deshalb nun Notizen:

Was veränderst Du sofort, um Deine inneren Gefäße ein Stück zu füllen?

Was veränderst Du noch diesen Monat?

Was veränderst Du in den nächsten 6 Monaten?

Was veränderst Du in den nächsten 12 Monaten?

Denke daran:

Es ist entscheidend, diese Veränderungen DAUERHAFT vorzunehmen. Lasse Dir lieber etwas mehr Zeit aber sorge dafür, dass sie auch wirklich ein stabiler und dauerhafter Bestandteil Deines neuen Alltags werden, den Du schützt und verteidigst, denn Dein innerer Zustand hängt davon ab.

Du kannst Dir diese Quellen auch vorstellen wie Säulen, die Du langsam, aber solide und stabil aufbaust, und auf denen Deine innere Welt, Dein emotionales Erleben und Deine Stimmung ruhen und die stabil und dauerhaft verlässlich tragend sein müssen, damit Dein inneres Erleben darauf stabil ruhen kann und nicht Gefahr läuft, immer wieder zusammenzubrechen.

Gönne es Dir, ab heute beharrlich und bewusst in den Aufbau Deiner inneren Stabilität und Fülle zu investieren:

Und richte Dein Leben so ein, dass Deine inneren Gefäße immer voll sind!

Schon kleine Dinge können einen großen Unterschied machen.

Es lohnt sich!

Ein kleiner Tipp zum Schluss:

Setze die Schritte 1-4 um, die Du in diesem Kapitel kennengelernt hast und:

Entscheide Dich für die Veränderung!

Für ein Leben in Fülle mit inneren Gefäßen, die so prall gefüllt sind, dass sie irgendwann überfließen und auch Deine Umgebung verändern...

Werde zu einem Stern, der so hell leuchtet, dass er seine ganze Umgebung erhellt.

Denn wo Licht ist, kann kein Schatten sein...

Wie Du mit der Kraft Deiner Gedanken Dein inneres Leuchten erhellst

Lass uns neben Deiner ganz persönlichen glücksbringenden Lebensführung, die Du im letzten Kapitel für Dich und Dein Leben entworfen hast, nun noch von einer zweiten Seite aus Dein inneres Leuchten entfachen: Nämlich der Seite Deiner eigenen Gedanken...

Deine Gedanken haben eine enorme Kraft und können Dir ebenfalls wunderbar und sehr wirksam helfen, Dein inneres Leuchten wieder zu finden, wenn Du lernst, sie in die richtige Richtung zu lenken.

Dein Leuchten zu verstärken (oder wieder zu finden) bedeutet, dass Du in eine höhere energetische Schwingung gelangst (oder Dich selbst bringst), als Du es bisher warst. Und dafür gibt es verschiedene Wege: Du kannst über die Arbeit mit Deinem Körper Deine energetische Schwingung erhöhen, indem Du ihn mit Energie aufladst und auf verschiedenen Wegen dafür sorgst, dass er Glückshormone produziert. Oder Du kannst es durch Deine Gefühle oder auch durch Deine Gedanken tun.

Der wirksamste Weg zu einem höheren Schwingungslevel (und damit zu einem stärkeren inneren Leuchten) ist der, bei Deinen GEDANKEN anzusetzen, deshalb möchte ich Dir im Folgenden einen Weg zeigen, wie Du das tun kannst.

Der Grund, warum der Weg über das Verändern Deiner Gedanken so überaus wirksam und mächtig ist, ist, weil Deine Gedanken automatsch auch Deine Gefühle, Deine

Körperchemie und Deine Handlungen beeinflussen und dadurch Deine persönliche Realität formen. Veränderungen auf der Ebene Deiner Gedanken bewirken also ganz automatisch Veränderungen auf allen anderen Ebenen.

Unsere Gedanken sind damit der erste Dominostein in der Ursache-Wirkungskette unserer persönlichen Realität.

Dieses Wissen ist ungeheuer wichtig für Dich, wenn Du Dich und Dein Leben weiterentwickeln möchtest und kann der Schlüssel zu einem vollkommen neuen Leben für Dich sein!

Jeder Gedanke, den Du denkst, löst einen mächtigen Dominoeffekt aus, der alles verändern kann.

Aber wie funktioniert dieser Dominoeffekt genau? Und warum sind unsere Gedanken eigentlich so mächtig?

Immer wenn wir einen Gedanken denken, dann erzeugt dieser Gedanke in uns ein Gefühl und er bewirkt in unserem Körper bestimmte Reaktionen z.B. Hormonausschüttungen, Blutdruckveränderungen, Herzschlagveränderungen, Reaktionen im Verdauungssystem und viele andere.

Wenn ein Gedanke sehr starke Emotionen auslöst dann ist unsere Körperreaktion meist so stark, dass wir sie wahrnehmen. In allen anderen Fällen jedoch fällt sie so schwach aus, dass wir sie nicht bemerken. Trotzdem verändert sich permanent etwas in unserem Körper durch die vielen, vielen Gedanken, die wir den Tag über denken. Unser Körper reagiert auf unsere Gedanken...

Und wir wissen ja: Steter Tropfen höhlt den Stein.

Wir verändern durch unsere Gedanken in einem gewissen Rahmen also tatsächlich auch unseren Körper! Nicht umsonst sagen wir, dass Sorgen krank machen, Stress uns auf den Magen schlägt, ein verliebter Mensch kaum Schlaf braucht und vieles mehr...

Unsere Gedanken führen außerdem natürlich auch zu entsprechenden Handlungen und bestimmten in hohem Maße die Art, wie wir auf andere Menschen und auf Situationen reagieren und wie wir mit dem Leben und mit uns selbst umgehen. Je nachdem, wie wir eine Situation bewerten und wie wir darüber denken, werden unsere Handlungen entsprechend unterschiedlich ausfallen.

Es ist sehr wichtig dass Du Dir dies bewusst machst. Denn nur wenn Du wirklich verinnerlicht hast, welche enorme Macht Deine eigenen Gedanken haben und dass Du KEINEN GEDANKEN denken kannst, ohne dadurch Deine persönliche Realität zu verändern, dann wirst Du sehr viel bedachter und auch bewusster mit Deinen eigenen Gedanken umgehen.

Du wirst beginnen, auf sie zu achten und bewusst Gedankenhygiene zu betreiben - also nicht nur Dein Zuhause, sondern auch Deinen Kopf regelmäßig zu entrümpeln und schädliche Gedanken auszumisten...

Nachdem wir uns dieser Tatsache nun bewusst sind, können wir beginnen, unsere Gedanken zu steuern, um so unser gesamtes System einschließlich unserer Gefühle und unseres Körpers in eine höhere Schwingung zu bringen.

Dafür müssen wir natürlich wissen, wie wir unsere Gedanken bewusst steuern und das ist zu Beginn gar nicht so einfach. Zumindest nicht für untrainierte Menschen.

Ich persönlich halte die Kunst, die eigenen Gedanken zu steuern für die höchste Kunst in der Persönlichkeitsentwicklung. Sie muss erlernt und (zu Beginn täglich) geübt werden, aber sie besitzt eine enorme Macht, mit der Du alles verändern kannst. Natürlich auch Dein Bild von Dir selbst und Deine Beziehung zu Dir selbst.

Und mehr noch: Sie ist das Werkzeug, mit dem Du Dein gesamtes Leben formen und nach Deinen Wünschen erschaffen kannst (wenn Du konsequent auf sie achtest und sie auf die richtigen Dinge lenkst).

Die Kunst, Deine Gedanken selbst zu steuern ist Deine wahre Schöpferkraft! Es lohnt sich unbedingt, sie zu erlernen.

Und keine Sorge:

Wir können unseren Fokus trainieren wie einen Muskel und so wird es mit jeder Trainingseinheit immer leichter, ihn bewusst auf die Dinge zu lenken, die wir wahrnehmen, denken, fühlen und in unsere Welt hineinlassen MÖCHTEN und ihn abzuwenden von Dingen, die wir nicht zum Zentrum unserer Realität machen wollen.

Doch wir müssen dieses Training regelmäßig (!) absolvieren, denn wie ein Muskel wird auch unser Fokus mit der Zeit schwächer, wenn wir ihn nicht regelmäßig benutzen – oder eben immer stärker und stärker, wenn wir täglich konsequent trainieren...

So steuerst Du Deine Gedanken

Ich möchte Dir nun eine sehr simple, aber ungeheuer mächtige Übung verraten, mit der Du innerhalb von wenigen Tagen lernst, Deinen Fokus und Deine Gedanken zu kontrollieren und zu lenken, und mit der Du gleichzeitig eine große innere Kraft aufbaust, eine tiefe innere Verbindung zu Dir selbst herstellst und Dich ganz mit Deinem inneren Kraftzentrum verbindest, und mit der Du automatisch ein besseres Gefühl für Dich selbst entwickelst und Deine Resilienz (Ihre psychische Widerstandskraft) stärkst. Und ganz nebenbei steigerst Du auch noch Deine Konzentrationsfähigkeit um mehrere 100 Prozent. Ja, tatsächlich! Probiere es aus!

Du schlägst mit dieser Übung also gleich zwei Fliegen mit einer Klappe:

Du trainierst Dich in der Fähigkeit, Deine eigenen Gedanken zu steuern – und Du stärkst Deine Selbstliebe, Deine Beziehung zu Dir selbst und erhöhst Deine innere Kraft ganz enorm.

Um es in einem Satz zusammenzufassen:

Diese Übung verbindet Dich mit Deiner inneren Kraft. Viele Menschen sind erstaunt, welches ungeahnte Ausmaß an innerer Kraft in ihnen schlummert, wenn sie erst einmal beginnen, den Zugang zu ihr wieder zu finden...

Ich stelle diese Übung gerne in meinen Büchern vor, weil sie so mächtig ist, und sie so viele verschiedene positive Auswirkungen auf unser Leben hat, wenn wir sie wirklich konsequent umsetzen. Und genau weil letzteres so wichtig ist für echte Veränderung, möchte ich Dich dazu einladen, die Übung auch dann noch einmal durchzulesen, wenn Du sie bereits aus meinen anderen Büchern kennen solltest – und sie wieder (oder erstmals) wirklich auszuprobieren und in Deinen Alltag zu integrieren.

Ich empfehle Dir, diese Übung morgens und abends für jeweils 5-10 Minuten zu machen. Und zwar am besten ein Leben lang... Denke an den Muskel, der immer im Training bleiben muss um leistungsfähig zu sein.

Setze Dich bequem und mit aufrechtem Rücken im Schneidersitz auf einen harten Untergrund (z.B. auf einen Teppich), schalte Dein Telefon aus und schließe die Augen. Atme ruhig ein und aus und beginne, Deine Aufmerksamkeit auf Deinen Atem zu richten und ihn zu verfolgen, bis Du innerlich ruhig wirst.

Stelle Dir dann eine weiße Fläche vor. Sobald Gedanken, Bilder oder Erinnerungen auftauchen (was bei Anfängern in der Regel alle paar Sekunden geschieht), schiebe diese Gedanken und Bilder beiseite, bis die weiße Fläche vor Deinem inneren Auge wieder frei ist.

Verliere die weiße Fläche niemals aus dem Blick. Gib Deine ganze Kraft und Deine gesamte Konzentration, ja, gib wirklich alles, um Deine weiße Fläche frei von Gedanken und Bildern zu halten und vertreibe alles, was darin auftaucht, als ginge es um Leben und Tod. Strenge Dich dabei wirklich an. Ja, Dein „Brain-Workout" darf ruhig etwas anstrengend sein, es ist ja nur für ein paar

Minuten... Und wie bei einem Body-Workout im Fitnessstudio musst Du auch Deinen Konzentrationsmuskel bis an seine Grenzen bringen, um ihn aufzubauen.

Wenn Du nach 5 oder 10 Minuten die Augen wieder öffnest (Du kannst Dir dafür einen Wecker stellen), wirst Du Dich unmittelbar stärker, klarer, vollkommen präsent, in Dir ruhend und mit Dir verbunden fühlen. Und mit jeder Meditation nimmt diese Wirkung zu, da Deine Konzentrationsfähigkeit immer stärker wird. Und damit auch Deine Fähigkeit, Deine eigenen Gedanken zu steuern.

Diese kleine, trivial klingende Übung – eine spezielle Form der Zen-Meditation - ist eine hoch effektive Methode, um Konzentration und Fokus zu schärfen und eine Verbindung zu unserem inneren Kern und unserer inneren Kraft herzustellen. Sie trainiert darüber hinaus unsere innere Widerstandskraft und unsere Fähigkeit, Abläufe selbst zu steuern und zu kontrollieren und bringt Dich dadurch mit sehr wenig Aufwand zurück in Deine volle Schöpferkraft und in die Verbindung mit Dir selbst. Probiere es aus!

Wahrscheinlich wird es Dir anfangs nicht möglich sein, Dich 10 Minuten voll zu konzentrieren. Das ist kein Problem, steigere Dich dann einfach langsam. Beginne mit 4 oder 5 Minuten voll konzentrierter Meditation morgens und abends und steigere Dich jeden Tag um eine Minute. Wichtig ist aber, dass Du in diesen Minuten wirklich alles gibst und 100% konzentriert bleibst.

An Tagen, an denen Du sehr müde oder gestresst bist, nimm Dir nur 3 Minuten bei wirklich voller Konzentration, aber bleibe ebenfalls zu 100% präsent und kontrolliere in diesen 3 Minuten Deine Gedanken vollständig. Dadurch erzielst Du eine größere Wirkung als mit 10 oder 20 Minuten halbherziger Meditation mit abschweifenden Gedanken.

Wenn Du die beiden Strategien aus diesem Kapitel umsetzt, wenn Du beginnst, Deine inneren emotionalen Gefäße zu füllen und Dich selbst in die Fülle zu bringen und wenn Du lernst, Dich mit dieser Übung ganz mit Dir selbst und Deiner inneren Kraft zu verbinden, dann wirst Du feststellen, dass sich nach einiger Zeit ein Leuchten in Dir einstellt, das so hell ist, dass es von Deiner gesamten Umgebung deutlich wahrgenommen wird, ja dass es nicht mehr übersehen werden kann und auf das Du auch von Deinem Umfeld angesprochen wirst.

Wenn Du tiefer eintauchen und erfahren willst, wie Du mit der Kraft Deiner Gedanken und der Kunst des richtigen Visualisierens genau die Fülle in Dein Leben ziehst, die Du Dir wünschst, dann empfehle ich Dir auch mein großes Praxisbuch zum Gesetz der Anziehung.

Im folgenden Kapitel möchte ich Dir nun noch ein paar besonders schöne und sehr einfache Rituale vorstellen, die Du täglich oder wöchentlich in Deinen Alltag einführen kannst und mit denen Du Dein inneres Leuchten noch weiter aufbauen und ein Leben lang erhalten kannst.

Wähle einfach die Rituale aus, die Dir beim Lesen besonders zusagen. Denn wir setzen nur das langfristig um, was uns auch angenehm ist. Und wir können nur mit den

„Tools“ dauerhafte und echte Veränderung in unserem Leben bewirken, die wir langfristig umsetzen.

Außerdem soll Dir Dein Weg zurück in die Selbstliebe Spaß machen!

Viel Freude also beim Lesen und umsetzen der nun folgenden Rituale für Dein inneres Leuchten!

Rituale für Dein inneres Leuchten

Deine persönliche Glücksstunde

Du hast im letzten Kapitel erfahren, dass Du über Deine Gedanken und den Dominoeffekt, den diese auslösen, Deine persönliche Realität erzeugst - und damit auch Deinen Schwingungszustand auf allen Ebenen und Dein inneres Leuchten veränderst. Wenn Du die Zen-meditation aus dem letzten Kapitel regelmäßig machst, lernst Du immer mehr, Deine Gedanken zu steuern und Deinen Fokus zu schärfen und bewusst auf bestimmte Dinge zu richten und andere dagegen aus Deinem Aufmerksamkeitsfeld zu vertreiben.

Dieses Wissen kannst Du nun nutzen, um Deine Schwingung bewusst anzuheben und Dein inneres Leuchten zu verstärken.

Wie das geht? Ganz einfach:

Verliebe Dich in das Leben!

Der Zustand höchster energetischer Schwingung, höchster Vibration, ist der Zustand der Verliebtheit! Dieser Zustand ist pure Freude! Und er lässt Dich nur so strahlen und leuchten! Und in genau diesen Zustand wollen wir Dich bringen...

Dafür brauchst Du übrigens keinen Partner und auch keinen Flirt. Wir können uns nämlich in alles verlieben! Wir müssen uns nur dafür entscheiden und dann über das bewusste Lenken unseres Fokus die entscheidenden

Gedanken und damit auch Gefühle und Körperschwingungen in uns herbeiführen.

Dein neuer Zielzustand, ja Dein dauerhafter „State of Mind“ darf und sollte ab heute dieser sein:

Du bist Hals über Kopf verliebt in das Leben!

Um in diesen Zustand zu gelangen gibt es verschiedene Möglichkeiten. Ich werde Dir jetzt ein sehr wirkungsvolles, einfaches Power-Ritual dafür vorstellen:

Deine persönliche Glücksstunde!

Dieses Ritual führt Dich in den Zustand der Verliebtheit in das Leben und verstärkt dadurch Dein Leuchten ganz enorm und auch für Außenstehende wahrnehmbar.

Du musst dafür nur zwei Dinge tun:

Du musst das Ritual regelmäßig umsetzen. Und Du musst Dich wirklich auf das intensive Gefühl von Freude einlassen, das es in Dir hervorrufen wird.

Glücklichsein und Freude, die in diesem Zustand zu Deinem natürlichen Lebensgefühl werden, sind nämlich nicht von den Umständen und auch nicht vom Zufall abhängig, sondern von einer Entscheidung:

Von DEINER Entscheidung!

Ja, wir können und müssen uns entscheiden (!) für das Glücklichsein! Wir müssen uns dazu entscheiden, uns in das Leben zu verlieben!

Unsere Welt ist unendlich facettenreich und vielfältig.

Es gibt in JEDEM Augenblick - Montag morgen wenn wir müde ins Büro fahren ebenso wie Freitag nachmittag, wenn wir uns auf das Wochenende freuen - unzählige WUNDERBARE und großartige Elemente des Lebens, die wir BEMERKEN und uns anschauen können, oder die wir übersehen und ignorieren können.

Ebenso gibt es in JEDEM Augenblick unbeschreibliches Leid, große Gefahren und ernsthafte Probleme, in denen wir uns verlieren können - oder auch nicht.

Wenn wir eine klare ENTSCHEIDUNG treffen für das Glücklichsein, wenn wir gelernt haben, unseren Fokus auf die großartigen Elemente des Lebens - die IMMER da sind - zu richten und es auch tun, und wenn wir den Mut aufbringen, uns für das Gefühl der Freude innerlich zu öffnen, das sich dann einstellt, dann können wir nicht mehr anders, als in diesem Moment pures Glück zu spüren!

Ich möchte Dich dafür zu meinem Power-Ritual (der Glücksstunde) einladen:

Nimm Dir für dieses Ritual mindestens 2 Mal in der Woche zu einer festen Uhrzeit eine Stunde Zeit und trage Deine Glücksstunde als festen Termin jetzt gleich in Deinen Kalender ein, um Zeit dafür zu blocken.

Ziehe Dich an einen ruhigen Ort zurück und mache es Dir bequem, wenn Du magst, genieße dabei einen Kaffee oder ein anderes Getränk.

Nimm nun Deine gesamte Konzentration zusammen und ENTSCHEIDE Dich dazu, in dieser Stunde vor Glück nur so zu strahlen - OBWOHL nicht alles in Deinem Leben perfekt ist und Du womöglich Sorgen hast. Mache Dir bewusst, dass JETZT – in diesem Moment – alles in Ordnung ist. Dass alles, worüber Du Dir Sorgen machst erst in der Zukunft auftreten wird oder auftreten könnte... JETZT GERADE ist alles gut. Du lebst. Du atmest. Du bist sicher. Mache einen Deal mit Dir selbst, dass Du Deine Sorgen und Probleme in dieser einen Stunde einfach einmal vergisst.

Beauftrage nun Deinen Fokus in dieser Stunde die großartigsten Elemente Deines Lebens zu finden, zu erkennen und näher zu betrachten!

Vergiss nicht, auch in Deinem Inneren nach glücklich machenden Elementen zu schauen:

Es kann zum Beispiel eine Quelle von unendlichem Glück sein zu erkennen, dass Du die Fähigkeit hast, einen Menschen zu lieben oder einen Menschen glücklich zu machen, ohne irgendetwas von ihm zu brauchen - und dass Du Dich ganz alleine dazu entscheiden kannst. Ja, dass Du in Wahrheit vollkommen frei bist... Niemand kann Dich daran hindern, zu lieben!

Es kann ein ebenso großes Glücksgefühl hervorrufen zu erkennen, dass DU Deine Realität und Dein Lebensgefühl selbst erschaffen und es selbst verändern kannst.

Öffne Dein Herz für die Freude und halte eine ganze Stunde lang ein Gefühl der intensiven Freude aus! Das ist gar nicht so einfach, aber Du solltest Dich unbedingt daran gewöhnen! ☺

Wenn Du Dich wirklich auf diese Freude einlässt, wird sie Dir eine Kraft geben, die Dich durch die nächsten Tage tragen wird...Und noch bevor die Wirkung nachlässt, legst Du wenige Tage später Deine nächste Glücksstunde ein und lädst Dich erneut mit der hochschwingenden Energie der Verliebtheit und der puren Lebensfreude auf.

Und während die Menschen um Dich herum sich wie immer über den Montag und die lange Woche beschweren, verpasste Chancen beklagen oder über ihre Kollegen und Nachbarn jammern, leuchtest Du vor Freude und Glück über Dein großartiges Leben!

Denn Du bist den mutigen Schritt gegangen und hast Dich aus den negativen energetischen Schwingungen (ausgelöst durch negative Gedanken und das verstärkte Wahrnehmen von Negativem in der Welt) gelöst, in denen so viele Menschen festhängen – Du befindest Dich jetzt auf einer neuen Ebene hoher energetischer Schwingung und purer (Lebens-) Freude! Und Du sorgst mit Deinem Power Ritual dafür, dass Du von jetzt an auch dort bleibst...

An dieser Stelle möchte ich Dir einen kleinen Tipp geben:

Falls Du merkst, dass es Dir sehr schwer fällt, in diesen Zustand zu gelangen, oder es Dir fast unmöglich ist, Deine Sorgen und Probleme für eine Stunde auszublenden, kann das ein Hinweis darauf sein, dass Du Deine Gelassenheit noch etwas aufbauen solltest. Falls das für Dich ein Thema sein sollte, dann mach Dir keine Sorgen: Gelassenheit kann man lernen. Schaue Dir gerne dazu mein „Großes Buch der Gelassenheit" an, dort lernst Du alle nötigen Schritte zu bleibender Gelassenheit und innerer Ruhe.

Date Dich selbst

Ein wunderschönes Ritual, um Dir selbst die Wertschätzung, den Respekt und die Fürsorge entgegenzubringen, die Du verdienst, und Dich bei Dir für all das, was Du täglich leistest, zu bedanken und zu feiern, ist das wöchentliche Date mit Dir selbst.

Ja, Du hast richtig gelesen:

Tatsächlich möchte ich Dich dazu ermutigen, Dich selbst für absolut ALLES reichlich zu belohnen was Du tust und erreichst und Dich selbst bewusst dafür zu feiern! Das ist kein Egotrip und auch nicht dekadent!

Das ist SELBSTWERTSCHÄTZUNG!

Und Du verdienst es! Ja, Du verdienst es, verwöhnt zu werden!! Und all das zu tun, von dem Dir Dein alter innerer Glaubenssatz wahrscheinlich sofort einredet:

Ach, das muss doch nicht sein, das ist doch übertrieben, ich brauche das alles nicht...

Ich sage: Doch! Du verdienst es und Du brauchst es!

Nicht die Sache an sich, sondern den AKT der SELBSTWERTSCHÄTZUNG, den Du Dir entgegenbringst, wenn Du Dir bewusst für Dich selbst Mühe gibst, Dir auch einmal etwas kaufst, das „nicht unbedingt sein muss“, wenn Du Dich verwöhnst und Dich selbst in den Mittelpunkt rückst!

Du DARFST Selbstachtsamkeit und Selbstwertschätzung nicht nur gedanklich zulassen, sondern sie auch LEBEN!

Du verdienst es, Dich selbst in ein großartiges Restaurant auszuführen, Dir den Hummer zu bestellen, oder Dich einmal in die Luxussuite eines aufregenden Hotels zu entführen. Du verdienst es, die schönste Pralinenbox des ganzen Geschäfts für Dich selbst zu kaufen! Und Du verdienst es, zwei ganze wertvolle Urlaubstage zu nehmen, OHNE zu verreisen oder irgendwelche Dinge zu erledigen, sondern einfach nur, um die Seele baumeln zu lassen und den Luxus des NICHTS-TUNS zu genießen! Um zu schlafen, im Bett Kaffee zu trinken, zu lesen, alte Filme zu schauen, zu baden und großartiges Essen zu essen! Ja, Du verdienst all das!

Und Du darfst Dich ab jetzt daran gewöhnen!

Beginne damit, indem Du einmal die Woche ein festes Date mit Dir selbst vereinbarst, das vor allen Deinen anderen Verpflichtungen Priorität hat (denn Du bist wichtig!!) und bei dem Du es Dir ganz bewusst so richtig gut gehen lässt.

Führe Dich selbst aus, wie bei einem Date. Mache Dich schick und führe Dich an einen wirklich tollen Ort aus. Wenn Du Dich in ein Restaurant ausführen möchtest und es Dir unangenehm ist, dort alleine zu essen, dann fahre einfach in die nächste Großstadt oder eine Stadt in Deiner Nähe, die Du schon immer einmal besuchen wolltest und in der Dich niemand kennt und gehe dort mittags essen in einem wirklich tollen Restaurant.

Du kannst Dich auch in ein Restaurant ausführen, das Du bereits kennst und Dir etwas bestellen, das Du schon immer mal ausprobieren wolltest, aber das Dir sonst zu teuer ist (bestelle Dir zum Beispiel endlich den Hummer, den Du bei jedem Besuch sehnsüchtig auf der Speisekarte registrierst). Natürlich kannst Du Dich auch in ein Hotel ausführen oder in ein besonderes SPA, Du kannst Dich aber auch zum Nachmittagskaffee in ein bekanntes Cafe ausführen, das zum Beispiel einen besonders guten Kuchen anbietet.

Und wenn Du wenig Geld hast, aber schon lange von einem luxuriösen Hotel träumst, dann mache Dich doch einfach einmal richtig schick, setze Dich in die Lobby des Hotels und bestelle Dir dort einen Kaffee oder ein Glas Wein und genieße die Atmosphäre.

Erstelle jetzt gleich eine Liste mit tollen Ideen für Deine Dates in den kommenden Wochen:

Wohin könntest Du Dich selbst ausführen, um Dir wirklich etwas zu bieten, was Dich begeistert?

Welche Ideen kommen Dir in den Sinn? Je länger Deine Ideen-Liste ist, umso besser...

Spiegelübung

Mit der Spiegelübung, die ich Dir nun vorstelle, kannst Du in 2 Minuten Deine Selbstliebe stärken. Ich empfehle Dir, sie für mindestens 7-10 Tage täglich zu wiederholen. Am besten ist es natürlich, wenn Du sie ein Leben lang machst...

Stelle Dich dafür in wenigen Zentimetern Abstand vor einen Spiegel und sieh Dir 2 Minuten lang unentwegt in die Augen.

Wenn Du willst, kannst Du Dir vorher einen Wecker stellen.

Du wirst den Impuls spüren, den Blick abzuwenden. Widerstehe diesem Impuls mit aller Kraft und bleibe mit Deinem Blick unbeirrt bei Dir.

Schaue Dir nicht ins Gesicht, sondern in die Augen! Dort wirst Du Dich selbst wiederfinden...

Du bist so viel mehr als alle Deine Rollen im Alltag und Dein Körper!

Falls diese Übung bei den ersten Malen negative Gefühle oder Trauer in Dir hervorbringen sollte (das passiert, wenn Du Dich in Deinem Leben lange Zeit selbst übergangen oder an Dir vorbeigelebt hast oder Du sehr hart mit Dir umgegangen bist oder zugelassen hast, dass es Andere tun), dann sei geduldig und liebevoll mit Dir, unterbreche die Übung und beglückwünsche Dich selbst, dass Du nicht länger von Dir fortschaust, sondern Dich für Deine Heilung entschieden hast. Und dann mache einfach am nächsten Tag weiter.

Keine Sorge:

Auch wenn die Gefühle, die sich zu Beginn in Dir zeigen, unangenehm sein sollten: Du bist auf dem richtigen Weg. Endlich darf Dein innerstes Wesen zu Dir sprechen und Dir erzählen, wie es sich in Wahrheit fühlt. Endlich kommen Deine innersten Empfindungen an die Oberfläche, und können heilen...

Vertraue mir ruhig: Dieses Gefühl von Trauer, vielleicht auch von Angst, Abgestoßen sein oder Elend, wird sich in tiefe Dankbarkeit und Liebe verwandeln, wenn Du mit der Übung Tag für Tag weiter machst.

Dich selbst in Deinem inneren Wesen zu erkennen und wirklich zu SEHEN ist der Schlüssel für wahre Selbstliebe...

Affirmationen für jeden Tag, die Dich zum Leuchten bringen

Zum Abschluss möchte ich Dir in diesem Buch gerne 7 kleine Affirmationen für mehr Selbstliebe mitgeben, die Dir helfen sollen, Dich in Dir und mit Dir selbst noch wohler zu fühlen und in Dir selbst nachhause zu kommen.

Affirmationen sind positive, in der Gegenwart formulierte Sätze, die Deine Gedanken und Deinen Fokus bewusst auf diejenigen Aspekte unserer komplexen Realität lenken, die Dich stark und glücklich machen und Dir inneren Frieden schenken – und die wir im hektischen Alltag und durch negative Erfahrungen und Prägungen, die wir alle im Laufe unseres Lebens erleben, manchmal einfach vergessen. Und wie Du bereits in diesem Buch erfahren hast, haben unsere Gedanken eine enorme Wirkung auf unsere Gefühle, unser Handeln und so auch unser Schicksal.

Du kannst Dir die folgenden Affirmationen jeden Morgen (oder auch mehrmals am Tag) durchlesen, um Deinen Fokus auf Dich selbst, auf Deine Liebe und Deinen unendlichen Wert als Mensch zu richten.

Wähle dafür einfach diejenigen für Dich aus, die Dir am besten gefallen. Du wirst beim Durchlesen spüren, welche Sätze in Dir etwas bewegen und Dir gut tun. Wähle genau diese Sätze für Dich aus, sieh sie Dir für mindestens 7-10 Tage jeden Tag immer wieder an und lasse sie ihre Wirkung in Deinem Leben entfalten.

Steter Tropfen höhlt den Stein.

Ich wünsche Dir, dass meine Affirmationen Dich wirklich tief im Inneren berühren und Dich von innen heraus mit Liebe anfüllen...

Viel Freude beim (immer wieder) lesen...

Du bist genug um alles zu haben,

was Dich glücklich macht!

Du verdienst alle Liebe des Universums!

Weil DU da bist, ist diese Welt vollkommen!

Du bist wunderschön!

Die Welt will Dir zu Füssen liegen…

Sie weint, weil Du Deine eigene Schönheit nicht erkennen kannst…

Sieh Dich an:

Jede Deiner Zellen ist Liebe.

Du hast genug getan!

Deine Leistung ist Liebe.

Danke für Deine Liebe!

Du bist perfekt so wie Du bist!

Und Du warst es längst bevor Du geboren wurdest …

ALLES was Du getan hast, war gut!

Dein Bestes ist längst genug.

Das Universum ist Liebe...

Du bist in Sicherheit.

Du bist UNENDLICH geliebt!

...und es gibt nichts,

was Du dagegen tun könntest... :)

BONUS: Selbstliebe dauerhaft leben

Zum Abschluss dieses Buches möchte ich Dir ans Herz legen, drei kleine Rituale dauerhaft in Deinen Alltag zu integrieren, die Deine neue Selbstliebe weiter festigen, stärken und dauerhaft aufrecht erhalten.

Dafür habe ich diesen Bonus-Teil für Dich geschrieben.

Du erfährst darin zunächst drei Grundsätze, wie Du mit kleinen täglichen Ritualen (die nicht mehr als wenige Minuten, ja sogar nur wenige Sekunden dauern müssen) Dein Leben verändern kannst.

Und Du erhältst anschließend drei praktische Selbstliebe-Rituale, die Du in Deinen Alltag integrieren kannst, um Dein Ergebnis zu festigen und immer weiter aufzubauen.

Und hier sind sie:

3 Grundsätze, wie Du mit kleinen Ritualen Dein Leben veränderst

Rituale sind ein wunderbar einfaches Mittel, um ohne Mühe große und kleine Veränderungen in unserem Denken und unserem Leben zu erreichen. Sie sind besonders wirksam, wenn es um eine Veränderung der inneren Einstellung geht. Denn durch das regelmäßige Wiederholen förderlicher Denk- und Verhaltensmuster entwickeln wir ganz automatisch neue Gewohnheiten, die uns ohne weiteres Zutun zu unserem gewünschten Ziel führen.

Bevor ich Dir die drei Rituale für bleibende Selbstliebe vorstelle, die Du nach dem Lesen dieses Buches in Dein Leben aufnehmen kannst, möchte ich Dir jedoch drei Grundsätze erklären, die Du beachten solltest, damit Deine neuen Rituale Dich sicher zum gewünschten Erfolg führen.

Der entscheidende Grund, warum der Erfolg bei manchen Menschen ausbleibt, ist nämlich der, dass sie neue Rituale zwar in ihr Leben einführen, aber sie nach kurzer Zeit wieder schleifen lassen oder aufgeben.

Daher sollten Rituale, mit denen Du ein bestimmtes Ziel erreichen oder eine bestimmte Veränderung in Deinem Leben herbeiführen möchtest, immer die folgenden drei Voraussetzungen erfüllen:

Bringe für jedes Ritual höchstens zwei Minuten Zeit am Tag auf

Dadurch stellst Du sicher, dass Du es wirklich JEDEN Tag durchführen kannst, egal wie wenig Zeit Du hast. Rituale, mit denen wir unsere innere Haltung und unser Denken verändern möchten, finden meist auf der Ebene unserer Gedanken statt und benötigen nicht viel Zeit. Häufig sind es sogar nur einige Sekunden. Mehr als zwei Minuten am Tag musst und sollst Du also dafür nicht aufbringen. Wichtig ist jedoch, dass Du es regelmäßig wiederholst. Und genau das ist die zweite Voraussetzung:

Führe jedes Ritual täglich durch

Nicht einmal pro Woche, nicht mehrmals pro Woche, sondern täglich. Wenn Du Deine Gedanken und Deine innere Einstellung ändern willst, musst Du Dein neues Denken täglich trainieren. Ich empfehle Dir, es bei dem einen Mal pro Tag zu belassen, denn aus Erfahrung kann ich Dir sagen: es ist sehr wahrscheinlich, dass Du es nicht dauerhaft durchhalten wirst, jedes der drei Rituale mehrmals täglich auszuführen und Du es bald schleifen lassen wirst. Der Schlüssel zum Erfolg ist aber die Regelmäßigkeit. Belasse es daher bei einer Wiederholung pro Tag für jedes der drei Rituale, aber bleibe damit konsequent.

Verknüpfe jedes neue Ritual mit einer bereits bestehenden Gewohnheit in Deinem Alltag

Führe ein Ritual täglich zur gleichen Zeit durch, so wirst Du es nicht vergessen. Damit ist nicht unbedingt eine feste Uhrzeit gemeint, sondern eine bestimmte, bereits bestehende, Gewohnheit in Deinem Tagesablauf, mit der Du Dein neues Ritual verknüpfst. Du kannst zum Beispiel Dein Ritual immer beim morgendlichen Zähneputzen oder unter der Dusche durchführen. Oder an der ersten roten Ampel auf dem Weg zur Arbeit.

Denn dieses Ritual findet ja „nur" auf der Ebene Deines Denkens statt. Du kannst es also parallel zu Tätigkeiten durchführen, die Du automatisch tust und bei denen Du nicht nachdenken musst. Ich werde Dir im Folgenden zu jedem der drei Rituale konkrete Vorschläge machen, wie Du es besonders bequem in Deinen Alltag integrieren kannst.

Wenn Du diese drei Grundsätze beachtest, wirst Du feststellen, dass Deine neuen Rituale schon bald zu festen Gewohnheiten werden, über die Du nicht mehr nachzudenken brauchst. So wird Dir die Umsetzung sehr leicht fallen, auch wenn Du nur wenig Zeit hast. Und der Erfolg, den Du damit schon nach kurzer Zeit erzielen wirst, wird Dich begeistern!

Und nun lass mich Dir die drei Rituale für bleibende Selbstliebe vorstellen.

Ritual 1: Schenke Dir selbst Aufmerksamkeit!

Dieses Ritual ist einfach und schnell erklärt und macht besonders viel Spaß!

Oft vergessen wir, wie wichtig wir für andere Menschen, Tiere oder auch für den Planeten sind, wieviel wir ihnen bedeuten und wie stark wir ihr Leben bereichern. Wir sind uns mitunter selbst dann, wenn sie es uns sagen oder zeigen nicht sicher, ob wir es glauben sollen. Es könnte schließlich auch gut gemeinte Höflichkeit sein.

Dabei beeinflussen, inspirieren und bereichern wir das Leben von Menschen (und Tieren) im Laufe unseres Lebens in unzähligen Situationen und Arten von Beziehungen - nicht nur in unserem nahen Umfeld, sondern auch bei ganz kurzen, flüchtigen Begegnungen. Manchmal erfahren wir es nie.

Es gibt nichts, was uns schneller und leichter spüren lässt, dass wir wertvoll sind und so unser Selbstwertgefühl massiv aufbaut, als das Wissen, dass wir für jemanden wichtig sind und warum!

Schreibe ab heute täglich <u>einen</u> Grund in Dein Notizbuch, warum Du für einen bestimmten Menschen, ein Tier oder die Gesellschaft wichtig bist oder einmal wichtig warst. Nur ein einziger Grund, aber das von heute an jeden Tag.

Das könnte so aussehen:

„Ich bin wichtig für mein Haustier, weil es von mir Nahrung, ein Zuhause, Schutz und Zuwendung bekommt". „Ich war wichtig für meine frühere Kollegin, weil ich ihr beigebracht habe, wie man mit schwierigen Kunden umgeht". „Ich bin wichtig für meinen besten Freund, weil er weiß, dass ich immer da bin und ihn auffange" „Ich bin wichtig für die Tochter meiner Nachbarin, weil sie meine Art zu leben bewundert und ich ein Vorbild für sie bin", „Ich bin wichtig für meine Kindheitsliebe, weil ich ihr einmal in einem Brief alle Dinge geschrieben habe, die an ihr liebenswert sind, und dieses Wissen um ihre Liebenswürdigkeit ihr bis heute Sicherheit gibt" ....

Du trainierst mit diesem Ritual Deinen Verstand immer weiter darauf, sich die richtigen Fragen zu stellen. Wenn Du Dich fragst, warum Du unwichtig für andere Menschen bist, wirst Du dafür Antworten erhalten. Und wenn Du Dich frast, warum Du wichtig für Andere bist, wirst Du auch darauf Antworten erhalten.

Indem Du Dir angewöhnst, Dir die richtigen Fragen zu stellen, stärkst Du also Dein Selbstwertgefühl, anstatt es zu schwächen. Richte dafür Deinen Fokus auf die Dinge, die Dich weiter bringen und die Dich stark machen. Denn das, worauf wir unsere Aufmerksamkeit richten, wächst...

Wichtig ist, dass Du bereits jetzt genau festlegst, wann in Deinem Tagesablauf Du Dir diese Frage stellen und aufschreiben möchtest. Wie Du bereits weißt, solltest Du das Ritual an eine bestehende tägliche Gewohnheit knüpfen und es jeden Tag zur selben Zeit erledigen, sodass es Dir bald ebenfalls zu einer Gewohnheit wird.

Wenn Du mit der Bahn zur Arbeit fährst, könntest Du es immer gleich nach dem Einsteigen – noch bevor der Zug die zweite Station anfährt – erledigen. Wenn Du mit dem Auto fährst, könntest Du Dir immer an der ersten roten Ampel (oder an einer bestimmten Kreuzung, an der Du täglich vorbeifährst) den Gedanken dazu machen und ihn sofort nach dem Einparken aufschreiben, noch bevor Du aus dem Auto steigst. Oder Du beantwortest Dir die Frage immer beim morgendlichen Haare föhnen oder rasieren und schreibst die Antwort sofort danach auf.

Lege eine Situation fest, die Dir gut passt und angenehm ist.

Falls Du Schwierigkeiten haben solltest, Gründe zu finden, warum Du für Andere wertvoll und wichtig bist, dann habe ich einen sehr hilfreichen Tipp für Dich:

Sieh Dir den Film „Ist das Leben nicht schön" mit James Stewart und Donna Reed aus dem Jahr 1946 an. Er erzählt auf wunderschöne und berührende Weise die Geschichte eines Mannes, der sich wegen seiner Schulden am Heiligabend das Leben nehmen will. Das wollen die „himmlischen Mächte" jedoch nicht zulassen: Ein Engel rettet ihn und führt ihm vor Augen, was aus dem Ort und seinen Bewohnern geworden wäre, hätte er nie gelebt... Erst dadurch wird ihm bewusst, wie viele Leben er bereichert und positiv beeinflusst hat und wie wichtig es für die Welt ist, dass es ihn gibt.

Dieser Film wird Dich auch Dein Leben mit völlig anderen Augen sehen lassen.

Ritual 2: Werde immun gegen die Urteile Anderer!

Je mehr Du Dich selbst annimmst und je zufriedener Du mit Dir wirst, desto weniger wird es Dich interessieren, was Andere über Dich denken. Und je weniger es Dich interessiert, was Andere denken, desto mehr wirst Du ganz selbstverständlich zu Dir stehen und Dich so zeigen, wie Du bist. Ohne Scham, ohne auf die Reaktionen von Anderen zu achten und auch ohne insgeheim auf Bestätigung zu hoffen! Du brauchst diese Bestätigung dann nicht mehr.

Du bist selbstsicher, zufrieden, mit Dir im Reinen und hast ein starkes Selbstwertgefühl und Selbstvertrauen, das so leicht durch nichts erschüttert werden kann. Das Urteil Anderer über Dich hat keine Bedeutung mehr für Dich. Nur Dein eigenes Urteil über Dich interessiert Dich. An diesem Punkt wirst Du frei und Du wirst Dich fantastisch fühlen.

Wenn Du die Anleitungen aus diesem Buch wirklich konsequent umsetzt, und auch dann weiter machst, wenn etwas einmal nicht beim ersten Versuch gleich klappt, dann wirst Du diesen Zustand sehr schnell erreichen. Es gibt jedoch etwas, das Du zusätzlich tun kannst, um Deine Selbstsicherheit noch weiter zu stärken und nahezu unerschütterlich werden zu lassen.

Wähle dafür wieder einen Zeitpunkt in Deinem Tagesablauf aus, an dem Du ungestört bist und einen Moment Zeit zum Nachdenken hast und denke an eine Situation, in der Du Dich in den letzten Tagen von einem anderen Menschen verurteilt, abgewertet oder abgewiesen gefühlt hast.

Das kann etwas ganz Kleines wie ein abwertender Blick von jemandem gewesen sein, den Du registriert hast, und der Dich verletzt hat. Wenn Du etwas Übung hast, kannst Du Dir auch die Erinnerung an Situationen vornehmen, die bereits eine Weile zurückliegen und die Dich stark verletzt haben, zum Beispiel die Abwertung durch einen Partner oder Deinen Vorgesetzten oder die Abwendung eines Freundes.

Denke nun an die Situation zurück und anstatt Dich in dem Schmerz zu verlieren, den Du dabei gespürt hast, lenke sofort Deinen Fokus darauf, wie DU die Situation beurteilst und was DU über Dich in dieser Hinsicht denkst. Hole Dir also eine zweite Meinung ein, bevor Du Dich verurteilen lässt – Deine eigene! Bist Du wirklich dumm, hässlich, uninteressant, ein schlechter Mitarbeiter oder ein schlechter Freund? Wie schätzt DU das ein?

Du wirst dadurch erkennen:

Das Urteil dieser Person über mich hat nicht sehr viel mit mir zu tun. Vielmehr zeigt es mir die Angst, die Unsicherheit oder den Neid des Anderen, oder aber auch seine Intoleranz gegenüber menschlichen Schwächen – ein Hinweis auf seinen eigenen inneren Druck.

Dieser korrigierende Gedanke in Deinem Kopf sollte blitzschnell aufgerufen und die Situation anschließend wieder fallen gelassen werden. Das kannst und musst Du üben. Deshalb solltest Du es zu einem festen Ritual machen und Dir täglich für etwa ein bis zwei Minuten eine neue Situation aus Deinem Leben vornehmen und Dein Urteil darüber auf diese Weise korrigieren.

Du wirst sehen, dass Dir dieses Ritual bald sehr leicht fallen und Dein Verstand das Einholen der entscheidenden Zweitmeinung (DEINER Meinung!) und die anschließende Korrektur Deines Urteils über die Situation und die andere Person ganz automatisch vornehmen wird.

Du trainierst Dein Gehirn mit diesem Ritual darauf, Verurteilungen von Anderen in einem Sekundenbruchteil bereits in der Situation selbst durch Dein eigenes Urteil und Deinen Wissensvorsprung wieder zu relativieren (denn schließlich kennst Du Dich besser als jeder Andere und kannst Dich demnach auch am besten beurteilen!).

Und Du übst Dich zudem darin, Deinen Fokus ganz bewusst von der Meinung des Anderen auf Deine eigene Meinung zu lenken und Deine Gedanken bewusst zu steuern.

Schon bald wirst Du feststellen, dass Du in Situationen, in denen Du Verurteilung oder Ablehnung durch einen Menschen spürst, mit Deiner neuen Konditionierung reagierst, blitzschnell und automatisch das Urteil des Anderen relativierst (und damit für Dich bedeutungslos werden lässt) und den Fokus wieder zurück auf Dein eigenes Urteil lenkst.

Wähle für dieses Ritual ebenfalls wieder einen festen Zeitpunkt in Deinem Tagesablauf aus, an dem Du alleine und ungestört bist und nicht nachdenken musst, um Dein Ritual täglich durchführen zu können.

Ritual 3: Praktiziere Selbstliebe!

Wir haben gelernt, dass wir an unseren Schwächen arbeiten und sie ausmerzen sollten. Und auch wenn wir bereits unsere Selbstliebe aufgebaut haben, so sind wir doch ständig von Menschen umgeben, die uns diese Erwartung signalisieren. Wir sollten daher ein Ritual zu einem festen Bestandteil unseres Tages machen, das uns dauerhaft dabei hilft, unser neues positives, aber verletzliches Selbstbild aufrecht zu erhalten und immer weiter zu festigen und nicht in die Falle zu tappen, unsere Fehler verstecken oder ausmerzen zu wollen.

Wir sollten langfristig dabei bleiben, uns mit all unseren Unzulänglichkeiten anzunehmen, zu akzeptieren und auch zu mögen.

Verstehe mich bitte nicht falsch. Es ist natürlich sehr hilfreich, sich bewusst weiter zu entwickeln und als Persönlichkeit zu wachsen. Aber wir werden niemals fehlerlos sein. Du nicht. Und ich auch nicht. Wenn wir uns also nicht ein Leben lang (bewusst oder unbewusst) für unsere Fehler klein machen und hemmen wollen, so müssen wir Selbstakzeptanz lernen und sie so weit stärken, dass wir sie auch gegen Widerstände behalten.

Und dafür möchte ich Dir ein tägliches Ritual vorstellen:

Fertige noch heute eine Liste mit zwei Spalten an. Liste in der linken Spalte all Deine Schwächen auf. Schreibe wirklich alles auf, was Dir peinlich ist, wofür Du Dich schämst, was Du nicht kannst, wo Du unsicher bist, wofür Du Dich womöglich verachtest oder Dir Vorwürfe machst. Notiere jede Kleinigkeit.

Ab morgen nimm Dir täglich einen Punkt auf dieser Liste vor und überlege, was das Gute an dieser Schwäche, Unsicherheit oder Unzulänglichkeit ist. Und das notierst Du daneben in der rechten Spalte.

Zwei Beispiele:

Linke Spalte: Ich bin immer zu spät. Rechte Spalte: Ich nehme mir Zeit für die Menschen um mich herum und lasse mich ganz auf sie ein, auch wenn ich vielleicht gerade keine Zeit habe und ich bin stolz darauf, meine Prioritäten so zu setzen. Zudem setze ich mich selbst nicht unter Zeitdruck und das ist gut so.

Linke Spalte: Ich bin naiv und werde dadurch oft verletzt oder enttäuscht. Rechte Spalte: Ich bin ein neugieriger und mutiger Mensch, der sich auf das Leben einlässt und diese positive Einstellung möchte ich nicht missen, selbst wenn ich dadurch noch manchmal enttäuscht werde.

Wenn Du alle Punkte aus der Liste abgearbeitet hast, dann verlängere Deine Liste und schreibe in die linke Spalte alle Dinge, die Dir jetzt noch peinlich sind, für die Du Dich schämst oder selbst verurteilst. Du wirst sehen, dass immer noch Dinge übrig sind. Und arbeite diese Liste wieder täglich ab. Wenn Du fertig bist, verlängere die Liste weiter und arbeite sie ab und so weiter...

Bestimme auch für dieses Ritual einen festen Zeitpunkt in Deinem Tagesablauf. Da Du hierfür einen Moment nachdenken musst, ist es empfehlenswert, Dir eine Situation auszusuchen, in der Du für einige Minuten ungestört bist. Lege Dir zum Beispiel Deine Liste ins Bad und schaue morgens darauf, bevor Du in die Dusche steigst. Während des Duschens kannst Du dann in Ruhe über die Vorteile Deiner betrachteten Schwäche nachdenken und diese direkt anschließend in einem Satz notieren...

Warum Du auch auf Deine tieferen Bedürfnisse achten solltest, wenn Du Dich selbst liebst

Auch wenn wir beginnen, uns selbst zu lieben und auf uns zu achten, erleben wir manchmal, dass wir trotzdem das Gefühl behalten, es fehle uns an etwas Entscheidendem. Wir fühlen und dann leer und unruhig, manchmal sogar richtig elend, und können oft doch nicht erkennen, was uns fehlt und warum wir uns so fühlen. Es ist, als ob wir nie wirklich satt werden und uns angekommen fühlen, auch wenn wir uns selbst noch so viel Liebe schenken.

Oft zweifeln wir dann an uns selbst. Wir sagen uns „Hast Du denn niemals genug?“ „Sei doch endlich einmal zufrieden“... Und wir fühlen uns schrecklich, weil wir so viel haben und doch leiden, weil das Loch, das wir im Inneren tragen, so sehr schmerzt und sich scheinbar einfach nicht füllen lässt.

Die meisten Menschen leben heute an ihren essenziellen tieferen Bedürfnissen vorbei, die wir Menschen alle gemeinsam haben. Und sie merken es nicht. Weil unser Lebensstil heute nicht mehr wirklich zu unseren wichtigen menschlichen Bedürfnissen passt. Und so ist es manchmal ganz egal, was wir tun, haben und bekommen... Wir bleiben rastlos, unruhig und leer und fühlen uns niemals angekommen und wirklich satt.

Das lässt sich lösen, indem wir herausfinden, was uns in der Tiefe **wirklich** fehlt und es uns schenken. Und das hat immer mit unseren wichtigsten Bedürfnissen zu tun.

Da es so entscheidend ist, dass Du Deine tiefsten Bedürfnisse wirklich kennst, verstehst, wichtig nimmst und erfüllst, wenn Du Dich selbst liebst und Dir all das geben willst was Du brauchst, möchte ich Dir hier zum Abschluss eine kleine Einführung in das Thema „Leben mit erfüllten Bedürfnissen" geben.

Du liest nun in meinen Kurs „Der Weg zur inneren Unabhängigkeit: Erfülle Dir selbst Deine wichtigsten Bedürfnisse" hinein. Ich wünsche Dir gute Inspiration und viele wertvolle Erkenntnisse für Deinen Weg zu einem liebevollen, satten Leben!

LEKTION 1

Herzlich willkommen zum Kurs „Der Weg zur inneren Unabhängigkeit: Erfülle Dir selbst Deine wichtigsten Bedürfnisse“!

Schön, dass Du dabei bist!

Du wirst in den nächsten 6 Wochen lernen, wie Du Deine tieferen inneren Bedürfnisse wirklich verstehen und Dir selbst dauerhaft erfüllen kannst. Und das wird Deinen inneren Zustand vollkommen verändern. Die meisten Menschen wissen überhaupt nicht, wie es sich anfühlt, alles zu haben, was sie emotional brauchen. Sie kennen den Zustand nicht, in dem ihre emotionalen Bedürfnisse wirklich erfüllt sind und gehen oft über Jahrzehnte mit einem inneren Loch durchs Leben, das sie immerzu schmerzt oder rastlos macht.

Von diesem Gefühl werden wir Dich in den kommenden Wochen ein für alle Mal befreien.

Dass Du diesen Kurs ausgewählt hast, erfüllt mich mit besonderer Freude, denn hier lernst Du etwas, das selbst in der Branche der persönlichen Weiterentwicklung bislang noch kaum beachtet wird und doch so essenziell wichtig ist für ein gelingendes, ausgeglichenes und erfülltes Leben.

Tatsächlich bestimmt nämlich der Grad, zu dem Du Dir Deine wichtigsten existenziellen und emotionalen

Bedürfnisse (die Du natürlich noch genau kennenlernen wirst) erfüllst, inwieweit Dein Leben funktioniert und sich gut anfühlt, oder inwieweit Du anderenfalls immer wieder kämpfen und Dich mit gravierenden Problemen herumschlagen musst.

Der Zusammenhang zwischen dem Grad der Erfüllung bestimmter entscheidender Bedürfnisse und einem funktionierenden Leben ist sehr spannend. Und nachdem Du diesen Kurs absolviert hast, wirst Du viele Probleme, mit denen andere Menschen – und vielleicht auch Du bisher - konfrontiert sind, tatsächlich nie wieder haben. Dein Leben wird plötzlich funktionieren und sich gut anfühlen. Du wirst in einem satten und glücklichen Leben ankommen...

Kümmern wir uns dagegen über lange Zeit nicht um unsere eigenen Bedürfnisse (besonders die 6 wichtigsten, die Du im Kurs kennenlernen wirst), dann entsteht in uns mit der Zeit ein gefährliches Ungleichgewicht, das die Quelle sein kann für die Entstehung von Süchten, Zwängen, Ängsten, Abhängigkeiten aller Art, großer innerer Unruhe oder innerer Leere, massiven Problemen mit dem Loslassen oder auch Verzweiflung...

Unser Leben wird dann einfach nicht richtig funktionieren, so sehr wir auch kämpfen und uns bemühen, denn das Ungleichgewicht, das in uns durch unsere nicht erfüllten Bedürfnisse entsteht und das mit den Jahren immer größer wird, produziert immer neue Probleme. Diese Probleme sind ein Versuch unserer Psyche, der Erfüllung unserer

Bedürfnisse auf irgendeine Art und Weise zumindest etwas näher zu kommen, wie Du später noch erfahren wirst.

Es gibt eine wichtige Sache, die Du verstehen musst: Die Erfüllung dieser entscheidenden Bedürfnisse ist für unsere Psyche und ihre Gesundheit so essenziell, dass sie (und damit wir) alles tun, um sie uns zu erfüllen oder zumindest eine Form der Ersatzbefriedigung zu erhalten.

Unser Unterbewusstsein steuert diesen Prozess und sabotiert dann oft hartnäckig die Dinge, die wir uns mit unserem bewussten Verstand aufbauen wollen, um uns und unser Verhalten stattdessen unterbewusst in eine Richtung zu lenken, in dem es die Erfüllung unserer Bedürfnisse vermutet.

Der wohl größte innere Saboteur neben unseren negativen Glaubenssätzen (und daraus resultierenden Ängsten), ist tatsächlich genau dieser innere und meist unbewusste Mechanismus, mit dem unsere Psyche verzweifelt versucht, unsere tiefsten unerfüllten Bedürfnisse zu erfüllen, die vielleicht schon seit vielen Jahren oder gar ein ganzes Leben lang untererfüllt sind.

Du wirst überrascht und erleichtert sein, wenn Du das Konzept aus diesem Kurs umgesetzt hast und erlebst, dass die vielen unterbewussten (oft destruktiven und stark belastenden) inneren Mechanismen sich endlich beruhigen und zum Stillstand kommen, die sich so oft unaufhörlich aus unserem Unterbewusstsein heraus um eine Kompensation unserer Bedürfnisse bemühen, um unsere Psyche gesund zu halten.

Du wirst spüren, wie es sich anfühlt, alles zu haben, was Du brauchst. Es ist, als würdest Du endlich zuhause anzukommen...

Auch müssen immer zunächst Deine wichtigsten Bedürfnisse erfüllt sein, bevor Du Deine Energie und Deine Aufmerksamkeit darauf richten kannst, Dir ein großartiges und glückliches Leben aufzubauen und Deine Ziele zu verfolgen.

Ist das nicht der Fall, wird Deine Energie im ständigen unterbewussten Kampf und der Suche nach der lebenswichtigen Erfüllung Deiner Bedürfnisse verbraucht werden und Du wirst andere Ziele kaum erreichen und andere größere Vorhaben kaum - oder nur unter größter Anstrengung - erfolgreich umsetzen können.

Lass uns also gleich beginnen und für Dich eine stabile Basis für ein gelingendes und glückliches Leben schaffen!

In dieser Lektion wirst Du zunächst eine Einführung in das Thema Bedürfnisse erhalten. Richtig starten, konkret ins Detail gehen und Dein Leben genauer unter die Lupe nehmen werden wir dann ab Lektion 2.

Ich wünsche Dir viel Spaß und ganz viel Erfolg!

Deine Cosima

Ausblick auf die Grundtypen Deiner wichtigsten Bedürfnisse

Der Psychologe Abraham Maslow unterscheidet in seiner bekannten Bedürfnispyramide zwischen körperlichen und seelischen Bedürfnissen:

Ganz unten stehen in seiner Bedürfnispyramide auf dem wichtigsten Rang unsere körperlichen Bedürfnisse nach den Dingen, die uns physisch am Leben erhalten wie Nahrung, Schlaf, Atmen, welche wir uns zu allererst erfüllen müssen, bevor wir die Ruhe und die Kapazitäten haben, uns mit unseren anderen Bedürfnissen zu beschäftigen.

Darüber stehen an zweiter Stelle in ihrer Wichtigkeit unsere urmenschlichen Bedürfnisse nach Sicherheit. Dazu gehört es, ein Zuhause zu haben, eine Wohnung, ein Einkommen und eine gewisse finanzielle Sicherheit, Vorsorge für die Zukunft, aber auch eine sichere Umgebung, ein Land, in dem kein Krieg herrscht, ein Leben ohne stark belastende Ängste.

Diese Bedürfnisse müssen wir uns als nächstes erfüllen, bevor wir uns der nächsthöhergelegenen Ebene unserer Bedürfnisse widmen können:

Das ist die Ebene unserer sozialen Bedürfnisse: Nach Kontakt, Liebe, Freundschaft, Zugehörigkeit, Zuwendung und Verstandenwerden, aber auch nach Berührung und Körperkontakt.

Und darüber stehen für Maslow die sogenannten Ich-bezogenen Bedürfnisse, wie zum Beispiel unser Bedürfnis nach Status, nach Achtung und nach Anerkennung, aber auch nach Selbstverwirklichung.

Diese Einteilung unserer Grundbedürfnisse nach Maslow bietet eine gute Grundlage für unseren Kurs. Wir werden hier ab der nächsten Lektion ins Detail gehen. Ich habe allerdings eine leicht von Maslow abweichende Ansicht zum Thema Bedürfnisse:

Ich vertrete nämlich den Standpunkt, dass ein großer Teil der sogenannten Ich-bezogenen Bedürfnisse in Wahrheit Eintrittskarten zur Erfüllung unserer sozialen Bedürfnisse sind. Sie sind aus meiner Sicht also größtenteils Mittel zum Zweck, um uns unsere sozialen Bedürfnisse zu erfüllen.

Wir glauben zum Beispiel, wenn wir die Anerkennung oder den Respekt anderer bekommen oder uns einen hohen „Status“ erarbeiten und aufbauen, der uns wiederum Respekt, Anerkennung und Aufmerksamkeit von Anderen einbringt (der Wunsch nach Anerkennung, Aufmerksamkeit und Respekt wird nach Maslow den Ich-bezogenen Bedürfnissen zugeordnet), dass wir dadurch eher von sozialen Gruppen akzeptiert werden und so unsere sozialen Bedürfnisse nach Liebe, Freundschaft und Zugehörigkeit eher erfüllt werden.

Ich sehe die ich-bezogenen Bedürfnisse deshalb zu einem wesentlichen Teil als Mittel zum Zweck, deren Erfüllung von Menschen besonders dann in den Mittelpunkt ihrer Bestrebungen gerückt wird, wenn sie nicht wissen, wie sie ihre sozialen Bedürfnisse auf direktem Wege erfüllt bekommen, oder hier vielleicht bereits große Defizit-Zustände in ihrem Leben erlebt haben.

Vielleicht hast Du auch schon einmal einen Menschen erlebt, der ein übersteigertes Bedürfnis nach Anerkennung oder Aufmerksamkeit hat und ständig hart für die Erfüllung dieses Bedürfnisses arbeitet.

Was oft hinter diesem übersteigerten Bedürfnis nach Anerkennung und Aufmerksamkeit steckt, ist der Wunsch, für andere Menschen wichtig zu sein und dieser Status der hohen Wichtigkeit wiederum wird als Garant für das tieferliegende Bedürfnis gesehen, zu einer Gruppe (oder einem einzelnen anderen Menschen) dazuzugehören und dauerhaft angenommen zu werden, um nicht mehr um seinen sozialen Stand und seinen sicheren Platz in der Gruppe fürchten zu müssen. Denn sichere Bindungen zu haben, war für uns Jahrtausende lang überlebenswichtig.

Ich denke dann, wenn ich ganz viel tue, um Anerkennung und Aufmerksamkeit zu bekommen und darin erfolgreich bin, dann bin ich für die soziale Gruppe oder den Partner oder die Freundin, von der ich diese Anerkennung und Aufmerksamkeit bekomme, wichtig. Und wenn ich einen hohen Status der Wichtigkeit in einer sozialen Gruppe oder in der Beziehung zu einem Menschen habe, dann werde ich meinen Platz in der Gruppe (oder in der Beziehung oder Freundschaft) nicht verlieren, dann ist mir mein Platz sicher und ich kann nicht mehr ausgeschlossen werden. Deshalb darf ich aber auch keine Fehler machen. Ich darf nicht negativ auffallen oder mich blamieren, und muss aufpassen, dass ich nichts falsch mache, um meinen Platz in der Gruppe oder der Beziehung nicht zu gefährden, für den ich so hart gearbeitet habe.

Wie du Dir denken kannst, entstehen aus dieser Angst um meine so essenziell wichtigen sozialen Bedürfnisse heraus sehr leicht Probleme wie Perfektionismus oder die Herausbildung erhöhter narzisstischer Verhaltensweisen, die uns und anderen das Leben weiter erschweren.

Ich persönlich sehe hier einen direkten Zusammenhang:

Je seltener sichere Bindungen werden, in denen wir vollkommen angenommen, aufgefangen und getragen werden, desto stärker müssen sich narzisstische Verhaltensweisen und Perfektionismus in unserer Gesellschaft als Folge der inneren Ängste ausbilden, die entstehen, weil dieses überlebenswichtige Bedürfnis nicht mehr ausreichend gestillt wird. Wir sehen unterbewusst beides als einen Weg an, doch noch die Bindung zu bekommen, die wir so sehr brauchen und nach der wir uns so sehnen.

Dies ist natürlich nur eines von unzähligen Beispielen dafür, was geschehen kann, wenn eines unserer 6 wichtigsten Bedürfnisse (in diesem Fall die sichere Bindung) nicht ausreichend gestillt wird. Weitere Beispiele sehen wir uns später an.

Was passiert, wenn wir unsere eigenen Bedürfnisse vernachlässigen?

Wenn wir nicht dafür sorgen, dass unsere wichtigsten Bedürfnisse erfolgreich und dauerhaft zu einem gewissen Mindestmaß erfüllt werden, treten fast immer früher oder später Symptome wie starke innere Unruhe, Ängste und Anspannung oder andere Folgeprobleme auf.

Der Versuch der Ablenkung oder Kompensation über verschiedene Arten der Ersatzbefriedigung (Umwege, die leider niemals ans Ziel führen, weil sie uns nicht das geben, was wir WIRKLICH brauchen) kann zu zwanghaftem oder suchthaftem Verhalten führen, wie Du bereits gelesen hast, weil wir von dem, was nicht wirkt, immer mehr brauchen, in der Hoffnung, unser wahres Bedürfnis doch noch gestillt zu bekommen. Körperliche Abhängigkeiten von bestimmten Substanzen können auf diesem Wege ebenfalls entstehen. Süchte sind häufig eine Folge stark untererfüllter tiefliegender Bedürfnisse.

Und nicht zuletzt können aus entstehenden Ängsten und Leid durch die nicht erfüllten Bedürfnisse auch Beeinträchtigungen unserer psychischen Gesundheit oder Depressionen entstehen, insbesondere dann, wenn wichtige Bedürfnisse über sehr lange Zeit unerfüllt bleiben und wir irgendwann die Hoffnung auf deren Erfüllung vollständig verloren haben.

Dieser Kurs wird verhindern, dass Dir das passiert und Dich aus einem solchen Zustand befreien, falls Du bereits über längere Zeit in einem Defizit-Zustand bist, was die Erfüllung

Deiner Bedürfnisse angeht. Denn es IST möglich, dass Du Dir alle Deine 6 wichtigsten Bedürfnisse (auch Deine seelischen) erfolgreich und einfach selbst erfüllst. Ganz egal, wie Dein Leben aussieht und wie alt Du bist.

Du brauchst dafür zwar teilweise andere Menschen, aber Du brauchst niemals EINE ganz bestimmte andere Person zur Erfüllung Deiner Bedürfnisse. Und Du wirst in diesem Kurs auch lernen, wie Du die richtigen Menschen dafür findest, mit denen es wirklich funktioniert.

Körperliche Abhängigkeiten von bestimmten Substanzen können mit der passenden Therapie übrigens auch sehr viel erfolgreicher gelöst werden, wenn Du parallel dazu Deine psychische Gesundheit wieder herstellst und die seelische Ursache für Deine Sucht – Deine unerfüllten Bedürfnisse und Deine seelische Not, die sich daraufhin eingestellt hat – verstehst und erfolgreich bearbeitest, zum Beispiel mit diesem Kurs.

Die 2 entscheidenden Prinzipien, nach denen Du Dir Deine Bedürfnisse erfüllen solltest

Bevor wir in der nächsten Lektion konkret mit der Arbeit beginnen, möchte ich Dir hier die beiden entscheidenden Prinzipien vorstellen, nach denen Du bei der dauerhaften Erfüllung Deiner Bedürfnisse vorgehen und auf die Du achten solltest.

Kaum ein Mensch achtet bewusst auf diese Prinzipien, und es ist wichtig, dass Du sie kennst, bevor wir mit dem Kurs beginnen, um im Gegensatz zu den meisten anderen Menschen Deinen persönlichen, dauerhaft und wirklich tief erfüllenden Erfolg nicht nur kurzfristig, sondern auch nachhaltig zu erzielen und beizubehalten.

Für die Erfüllung unserer wichtigen körperlichen und emotionalen Bedürfnisse benötigen wir Planung und ein langfristiges Vorgehen. Diese Säule baut sich langsam auf, durch den richtigen Plan und kontinuierliche, kleine Schritte in die richtige Richtung.

Die beiden wesentlichen Kriterien für den Erfolg sind hier Balance und Mittelmaß!

Balance bedeutet, dass wir ALLE unsere 6 wichtigsten Bedürfnisse beachten und erfüllen müssen, und uns nicht nur auf einige davon konzentrieren können.

Wenn wir eine davon vernachlässigen oder vergessen, werden wir ständig Probleme und ein inneres Loch in uns haben, das uns permanent schmerzt oder uns Angst macht, und wir werden unbewusst Unmengen von Energie und Aufmerksamkeit opfern, um dieses Loch in uns zu stopfen oder Ersatzbefriedigungen suchen und geradezu von ihnen abhängig werden, weil sie uns nicht wirklich ans Ziel führen.

Wir sind dann auch noch nicht wirklich offen dafür, unser Leben großartig zu machen, solange nicht alle unsere wichtigsten Bedürfnisse zu einem Mindestmaß erfüllt sind. Wir müssen uns ihnen also als erstes widmen und uns hier um Balance bemühen.

Mittelmaß ist das richtige Maß für die Erfüllung unserer Bedürfnisse, und zwar aus folgendem Grund:

Wenn wir uns wichtige Bedürfnisse nicht wenigstens zu einem Mindestmaß erfüllen, wir zum Beispiel ein gewisses Minimum an Absicherung, an Einkommen, an sozialen Kontakten und sicheren Bindungen haben und ein Minimum an Liebe und Respekt erhalten, dann wird uns das große Probleme bereiten und kann zu starken Ängsten führen.

Andererseits brauchen wir, sobald wir uns diese entscheidenden Bedürfnisse zu einem guten Maß erfüllt haben, nicht immer mehr davon – und es bringt uns nichts, unsere gesamte Energie immer weiter in ein bereits ausreichend gestilltes Bedürfnis hinein zu stecken und eine Übererfüllung anzustreben, denn ab einem gewissen Punkt sind wir bereits gesättigt und innerlich ruhig.

Wenn wir beispielsweise bereits sehr gut mit verschiedenen Versicherungen gegen alle Unsicherheiten des Lebens abgesichert sind, dann wird uns eine weitere Versicherung nicht mehr besonders wertvoll erscheinen, wenn wir bereits tiefe Liebe und Zuneigung von einer ganzen Gruppe an Menschen erhalten, und sehr viele, sehr tiefe und gute Freundschaften haben, dann brauchen wir irgendwann nicht notwendig noch mehr.

Wenn wir bereits von unserer gesamten Umgebung jede Menge Bestätigung, Anerkennung und Zuneigung bekommen, dann brauchen wir irgendwann nicht noch mehr davon, wenn wir bereits deutlich mehr Geld verdienen als wir benötigen, wird es uns nicht mehr so viel bedeuten, wenn wir zusätzliches Geld verdienen.

Wir sind dann an einem Punkt angekommen, an dem wir gesättigt sind. In der Volkswirtschaft spricht man vom abnehmenden Grenznutzen. Damit ist gemeint: wenn wir bereits an einem bestimmten Punkt der Sättigung angekommen sind, wird uns eine weitere zusätzliche Einheit keinen großen zusätzlichen Nutzen mehr bringen. Je mehr wir von einer Sache haben, desto kleiner wird der zusätzliche Nutzen, wenn wir noch mehr davon bekommen.

Es ist ab dem Punkt, an dem wir bereits genug haben und körperlich und emotional „gesättigt“ sind, zwar nett, noch etwas mehr Geld zu haben, noch eine weitere Versicherung, noch mehr zu essen, noch ein größeres Haus, noch mehr Freunde, noch mehr sichere Bindungen, noch mehr Anerkennung und Zuwendung... Aber es wird unsere Lebensqualität nicht mehr entscheidend nach oben verbessern können.

Wir müssen also dafür sorgen, dass alle unsere entscheidenden Bedürfnisse ohne Ausnahme zumindest bis zu einem gewissen Mindestmaß erfüllt sind (wie Du Dein persönliches Mindestmaß und Dein Wohlfühl-Sättigungsmaß für jedes Deiner 6 wichtigsten Bedürfnisse ermittelst, erfährst Du später).

Und wir müssen durch bestimmte Rituale und Gewohnheiten dafür sorgen, dass wir bei allen entscheidenden Bedürfnissen dieses Mindestmaß – oder noch besser unser Wohlfühlmaß – erreichen und auch dauerhaft halten.

To Dos für diese Woche:

Aufgabe 1:

Lies Dir diese Lektion noch einmal aufmerksam durch und präge Dir ein, nach welchen Prinzipien Du Dir Deine wichtigsten Bedürfnisse erfüllen solltest und warum.

Aufgabe 2:

Sieh Dir im Internet die Bedürfnispyramide von Maslow an und präge Dir die verschiedenen Bedürfnisebenen ein. Wir werden ab der nächsten Lektion darauf aufbauen, wenn ich Dir Deine 6 wichtigsten Bedürfnisse vorstellen werde, auf deren Erfüllung Du ab heute ein Leben lang liebevoll achten solltest.

Aufgabe 3:

Notiere erste allgemeine Ideen und Gedanken, welche körperlichen und emotionalen Bedürfnisse bei Dir vielleicht im Moment untererfüllt sind und Dich unruhig sein lassen. Hier geht es zunächst nur darum, Deine eigenen Eindrücke zu notieren, bevor Du die 6 Bedürfnisse kennst:

Fallen Dir auf Anhieb körperliche oder seelische Bedürfnisse ein, die Du seit langem vernachlässigt hast oder bei denen Du eine Leere in Dir spürst, wenn Du ehrlich bist? Etwas, nach dem Du Dich sehr sehnst, und das Du scheinbar einfach nicht bekommen kannst?

Schreibe sie Dir auf und notiere dazu, warum Du glaubst, dass diese Bedürfnisse für Dich bislang nicht ausreichend erfüllt werden:

Hast Du ihnen keine Priorität gegeben? Oder weißt Du schlichtweg nicht, wie Du sie Dir erfüllen sollst? Oder hast Du womöglich das Gefühl, Du darfst sie nicht wichtig nehmen oder Dich mit ihnen beschäftigen?

Was ist der Grund?

Ab der nächsten Lektion beginnen wir konkret mit Deinem Kurs. Dann erfährst Du, auf welche 6 Bedürfnisse Du stets achten solltest und wie Du sie Dir dauerhaft auf direkte und angenehme Weise erfolgreich erfüllst.

Bis gleich in Lektion 2!

Deine Cosima

Du findest diesen Kurs auf meiner Website www.cosima-sieger.de in der Rubrik „Kurse“

Und noch ein Geschenk zum Schluss – Ein 7 Tage Übungsprogramm für mehr Selbstliebe

In meiner Beratung habe ich Klienten, die ihre Selbstliebe aufbauen wollten, immer ein 7 Tage Übungsprogramm mitgegeben, mit dem sie ergänzend in fünf Minuten am Tag ihre Selbstliebe aufbauen konnten (2 Minuten morgens und 3 Minuten abends).

Ich habe mich entschieden, Dir, liebe Leserin oder lieber Leser, mein 7 Tage Programm zusätzlich zu den Strategien aus diesem Buch ebenfalls zur Verfügung zu stellen, denn es wird Dich in großen Schritten zu mehr Selbstliebe bringen und es „kostet“ mich nur wenige Klicks, es Dir zu zusenden.

Wenn Du das Programm haben möchtest, schreibe mir einfach eine E-Mail an cosimasieger@gmail.com und ich sende es Dir kostenlos als pdf zu.

Und so arbeitest Du damit:

Drucke das pdf 3 Mal in Farbe oder schwarz-weiß aus und mache 3 Wochen lang jeden Morgen 2 Minuten und jeden Abend 3 Minuten lang die Übungen darin. Sei wirklich konsequent und nimm Dir jeden Tag die Zeit dafür. Nach 21 Tagen wirst Du ein neuer Mensch sein.

P.S. Du darfst mir auch gerne anonym schreiben. Selbstverständlich wird Deine E-Mail Adresse in keinen E-Mail-Verteiler aufgenommen und Du erhältst auch später keine Werbung oder sonstige Informationen.

Ich freue mich darauf, Dir zu helfen. Schreibe mir einfach!

Schlusswort

Ich hoffe ich konnte Dir mit diesem Buch eine praktische Anleitung geben, wie Du mit Dir selbst ab heute so liebevoll umgehen kannst, wie Du es schon Dein ganzes Leben lang verdienst. Wie Du Dein Leben und Deinen Alltag so einrichtest, dass es Dir endlich wirklich gut geht, und wie Du innere Ruhe findest und ganz in Dir selbst ankommst. Und wie Du auch bei Dir bleibst – egal was passiert...

Und ich hoffe, ich konnte Dich mit meinen Strategien und Ritualen inspirieren, Dein Leben und Dein Denken neu auszurichten und Dein Leuchten wieder zu finden. Denn ich möchte, dass Du so hell leuchtest, wie Du nur kannst!

Lasse Dein inneres Feuer niemals mehr erlöschen!

Ich möchte Dich von ganzem Herzen ermutigen, DIR SELBST und DEINEM LEUCHTEN Priorität zu geben! Wenn Du auf diese Weise zu leben beginnst, dann werden sich Wunder in Deinem Leben ereignen...

Bleibe bei Dir! Strahle! Und hilf den Sternen in Deiner Umgebung, ihr Leuchten ebenfalls wieder zu finden. Leihe ihnen dieses Buch aus oder schenke es ihnen. Es kann Menschen auf sehr tiefer Ebene helfen und dazu beitragen, die vielen wunderschönen Sterne in dieser Welt wieder zum Leuchten zu bringen...

Zum Abschluss möchte ich Dir, wie immer in meinen Büchern, noch meinen wichtigsten Tipp des gesamten Buches mitgeben:

Setze die Übungen und Programme, die Du in diesem Buch erhalten hast, wirklich um!

Denn nur angewandtes Wissen ist Macht. Nicht angewandtes Wissen vermag in Deinem Leben nichts zu verändern...

Sorge dafür, dass Du dieses Buch nicht umsonst gelesen hast, sondern dass dieses Wissen Dein Leben verändern kann – und gehe den ersten Schritt in die Praxis noch HEUTE!

Lass uns eine Welt voller leuchtender Sterne erschaffen - und dafür bei uns selbst beginnen...

Du verdienst alle Liebe des Universums!

Aber am meisten verdienst Du Deine eigene Liebe...

Bis bald, vielleicht in einem meiner anderen Ratgeber. Ich würde mich freuen!

Deine Cosima Sieger

P.S. Wenn Dir dieses Buch gefallen hat und Du auch in Zukunft von mir lesen möchtest, bist Du herzlich eingeladen, Dich auch in meinen Leser-Newsletter einzutragen. Dort erhältst Du kostenlose Leseproben und hin und wieder auch ein kleines Geschenk von mir.

Dieser Newsletter ist kein gewöhnlicher Newsletter wie Du ihn kennst. Lass Dich überraschen! Hier kannst Du Dich in einer Minute eintragen:

www.cosima-sieger.de/cosimas-newsletter

Cosima Siegers beliebteste Bücher

Dieses seit Jahren beliebteste Buch der Autorin ist für Menschen, die ihre Herzenswünsche leben wollen!

Du erhältst eine hochwirksame Anleitung, wie Du innere Blockaden auflöst und mit dem Gesetz der Anziehung Deine Wünsche Wirklichkeit werden lässt.

Dieses Buch ist ein Praxisprogramm für Menschen, die von Ängsten geplagt sind. Du kannst etwas dagegen tun!

Du erhältst eine erprobte Anleitung, wie Du in 5 Schritten Deine Ängste besiegen und endlich frei werden kannst.

Dieses Buch ist der ideale Leitfaden für Dich, wenn es Dir schwerfällt, dem Leben zu vertrauen und Du oft unruhig bist oder Dir Sorgen machst.

Du lernst, wie Du in 6 Schritten Dein Urvertrauen aufbauen kannst und so Geborgenheit und Halt im Leben findest.

Dieses Buch ist die Lösung für Menschen, denen es schwerfällt, andere Menschen, Dinge, Gedanken oder auch Erinnerungen loszulassen.

Du erfährst, wie Loslassen in 5 praktischen Schritten plötzlich ganz einfach wird und Du glücklich neu startest!

Dieses Buch ist perfekt für Dich, wenn Du mehr Dankbarkeit und Freude in Dein Leben bringen willst.

Du lernst in einem 30 Tage Programm ganz praktisch, wie Du in die Dankbarkeit kommst und dadurch im Innen und Außen unendliche Fülle erschaffen kannst.

Dieses Buch ist das richtige für Dich, wenn Du zu einem Menschenmagnet werden willst.

Du lernst, wie Du aus Deinem Inneren heraus ganz authentisch eine einzigartige Ausstrahlung gewinnst und Menschen anziehst wie ein Magnet.

Dieses Buch richtet sich an Menschen, die ihr Selbstwertgefühl stärken und lernen wollen, sich selbst liebevoller zu behandeln.

Du erhältst unverzichtbares Basiswissen zum Thema Selbstliebe & Selbstwertgefühl: Du lernst die 7 Säulen der Selbstliebe und ein paar wunderschöne Rituale zum Aufbau Deiner Selbstliebe kennen.

Dieses Buch ist die perfekte Ergänzung zum großen Selbstliebe Ratgeber von Cosima Sieger.

Du erhältst darin ein Programm mit 30 einfachen Übungen für jeden Tag für ein gesundes Selbstwertgefühl und einen liebevollen Umgang mit Dir selbst.

Dieses Buch ist die ideale Erweiterung zu den anderen Selbstliebe Büchern der Autorin für Menschen, die noch intensiver in das Thema einsteigen wollen.

Du unternimmst unter anderem eine Reise zu Deinem inneren Kind, erlebst eine unvergessliche Fantasiereise in die Welt des Geliebt-Seins und lernst, wie Du Deine inneren Gefäße füllst und Dein Herz für die Liebe öffnest.

Dieses Buch ist für Menschen, denen es schwerfällt, an sich zu glauben und die oft an sich zweifeln.

Du erhältst ein hochwirksames 30 Tage Programm, mit dem Du Deine innere Kraft entdeckst und beginnst, endlich ganz an Dich zu glauben!

Dieses Buch richtet sich an Menschen, denen es schwerfällt, gelassen durchs Leben zu gehen.

Du ermittelst Deine persönlichen Gründe, warum Du so schwer gelassen bleiben kannst und erhältst praktische Übungen, mit denen Du direkt an **Deiner** Ursache ansetzen und Deine Gelassenheit wiederfinden kannst.

Dieses Buch ist für Dich, wenn Du lernen willst, mehr im Hier und Jetzt zu sein und den Moment wirklich wahrzunehmen und wieder mehr zu genießen.

Du findest hier wunderschöne tägliche Übungen der Autorin, die Dich in die Achtsamkeit zurückbringen und Dich wieder mit dem Leben verbinden.

Mit diesem Buch möchte Cosima Sieger Menschen erreichen, die in einem stressigen Alltag gefangen sind und nicht mehr selbst herausfinden.

Du lernst, wie Du den Stress loslassen und Dich selbst so durch Dein Leben mit all seinen Herausforderungen führen kannst, dass Du in einem Zustand der Ruhe ankommst.

Hole Dir jetzt **Deine** persönlichen Lieblingsbücher von Cosima Sieger und lasse Dich von der beliebten Autorin für persönliche Weiterentwicklung auf Deinem Wachstumsweg begleiten!

Du findest ihre Bücher bei Amazon und bei anderen Buchhändlern.

Möchtest Du tiefergehende Begleitung von Cosima Sieger auf Deinem persönlichen Wachstumsweg?

I - Der gründliche Weg: die Akademie

In der Cosima Sieger Akademie wirst Du zwei Jahre lang mit wöchentlichen Lektionen und Übungen von Cosima Sieger auf Deinem Weg begleitet. Du erfährst unter anderem, wie Du Deinen Lebenssinn findest und lebst. Wie viele andere begeisterte Teilnehmer erhältst Du hochwirksames und zum Teil noch unbekanntes Wissen zum Thema persönliche Weiterentwicklung - jeden Freitag direkt in Dein E-Mail-Postfach.

II - Der schnelle Weg: die Kurse

Wenn Du schnelle Veränderungen und Erfolge in einem bestimmten Lebensbereich haben möchtest, kannst Du auch dem erfolgreichen Weg vieler faszinierter Teilnehmer folgen und mit den Cosima Sieger Kursen zum Selbststudium arbeiten.

Mehr erfährst Du auf den folgenden Seiten.

I - Die Cosima Sieger Akademie

Zwei Jahre lang Begleitung auf Deinem Lebensweg

Mit wöchentlichen Anleitungen und Übungen von Cosima Sieger für Dein erfolgreiches persönliches Wachstum!

Die beliebte Akademie ist perfekt für Dich, wenn Du:

- Alte Muster, Ängste und Blockaden dauerhaft auflösen und Dein Denken verändern willst.
- Stark, gelassen und glücklich werden und **Deinen** Lebenssinn finden und leben willst.
- Dir Begleitung und Anleitung auf Deinem Weg zu einem tief erfüllten, sinnhaften Leben wünschst.

„Ein neues Leben beginnt mit neuen Gedanken!"

Cosima Sieger

Teilnehmer sagen:

„Es lohnt sich!"

„Ich habe durch das Studium Ziele erreicht, die mir vor 12 Monaten noch unerreichbar vorkamen!"

„Mein Leben hat sich stark verbessert und ich kann es immer kaum abwarten, bis wieder Freitag ist und ich die nächste Lektion bekomme und bearbeiten kann."

„Ich bin restlos begeistert von der Akademie!"

Wenn Du magst, finde heraus, ob diese Akademie auch für Dich und Deinen persönlichen Lebensweg die richtige Begleitung ist!

Du findest die Cosima Sieger Akademie unter dem folgenden link:

www.cosima-sieger.de/cosimas-akademie

II - Die Cosima Sieger Kurse

Wenn Du schnelle Erfolge in einem bestimmten Lebensbereich haben möchtest

Innere Blockaden lösen, Bedürfnisse erfüllen, Selbstwertgefühl stärken, Selbstvertrauen aufbauen...

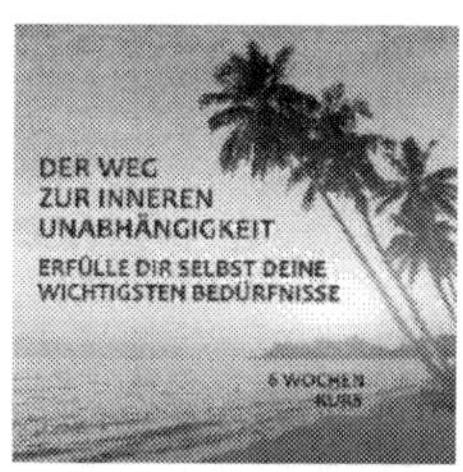

Teilnehmer sagen:

„Es ist ein tolles Gefühl, wenn ich merke, dass ich weiterkomme!"

„Seit ich mit dem Kurs angefangen habe, hat sich so vieles zum Positiven verändert, dass ich überhaupt nicht weiß, wo ich anfangen soll..."

„Mein Leben ist auf einmal einfach wundervoll."

Entdecke hier, wie einfach die Kurse funktionieren und warum sie der Durchbruch in Deiner persönlichen Entwicklung sein können:

www.cosima-sieger.de/kurse

„Alles beginnt mit einer Entscheidung!"

Cosima Sieger

Anhang, Haftungsausschluss und Copyright

Was denkst Du?

Wenn Dir mein Ratgeber gefallen hat, freue ich mich auf Deine Bewertung bei Amazon! Eine kurze Bewertung gibt mir meine Motivation, um weitere Ratgeber für diese Reihe zu schreiben und auch das Wissen, wie ich sie so gestalten kann, dass ich Dir damit am besten helfe.

Selbstverständlich ist sowohl positives, als auch negatives Feedback willkommen. Mit beidem kann ich meine Bücher kontinuierlich für meine Leser verbessern, und das ist mir sehr wichtig. Über positives Feedback freue ich mich aber natürlich ganz besonders.

Schenke mir also doch jetzt noch 2 Minuten Deiner Zeit und schreibe mit ein oder zwei Zeilen jetzt gleich noch eine kurze Bewertung zu diesem Buch.

Ich danke Dir von Herzen für Deine Unterstützung...

Haftungsausschluss, Impressum & Eigentumsrechte

Wir sind bemüht, alle Angaben und Informationen in diesem Buch korrekt und aktuell zu halten. Trotzdem können Fehler und Unklarheiten leider nie vollkommen ausgeschlossen werden. Daher übernehmen wir keine Gewähr für die Richtigkeit, Aktualität, Qualität und Vollständigkeit der vorliegenden Texte und Informationen.

Für Schäden, die durch die Nutzung der bereitgestellten Informationen mittelbar oder unmittelbar entstehen, haften wir nicht, solange uns nicht grob fahrlässiges oder vorsätzliches Verschulden nachgewiesen werden kann. Für Hinweise auf eventuelle Fehler oder Unklarheiten sind wir Ihnen dankbar.

Impressum:

Die Autorin Cosima Sieger wird vertreten durch:

Miriam Al-Kebbeh
Arndtstrasse 25
60325 Frankfurt am Main
E-Mail: freizeitgewinnen@gmail.com

Meine wichtigsten Erkenntnisse aus diesem Buch:

Was ich ab heute regelmäßig tun werde:

Was ich ab heute nie wieder tun werde:

10 Gründe, warum ich mich lieb habe:

Wichtige Gedanken:

Wichtige Gedanken:

Printed in Poland
by Amazon Fulfillment
Poland Sp. z o.o., Wrocław

16482727R10094